高难度谈话

俞桦滨 编著

中国纺织出版社有限公司

内 容 提 要

有人际交往就有交谈，我们的生活与工作离不开谈话，然而，很多人因为不会谈话或者说了不该说的话而得罪人，由此可见，无论是谁，都应该掌握谈话尤其是高难度谈话的技巧。如果与谁都能谈得来，工作和生活一定会大有改观。

本书从口才提升这一角度出发，结合日常生活中的语言实例，告诉我们掌握高难度谈话技巧的重要性，并教会我们如何与各种性格、身份的人更好地沟通。阅读本书，相信你能有效提升自己的语言能力和沟通能力，进而达成自己想要的沟通目的，让自己的生活更美好。

图书在版编目（CIP）数据

高难度谈话 / 俞桦滨编著. -- 北京：中国纺织出版社有限公司，2024.6

ISBN 978-7-5229-1653-8

Ⅰ. ①高… Ⅱ. ①俞… Ⅲ. ①语言艺术 Ⅳ. ①H019

中国国家版本馆CIP数据核字（2024）第075973号

责任编辑：林 启　　责任校对：高 涵　　责任印制：储志伟

中国纺织出版社有限公司出版发行
地址：北京市朝阳区百子湾东里A407号楼　邮政编码：100124
销售电话：010—67004422　传真：010—87155801
http://www.c-textilep.com
中国纺织出版社天猫旗舰店
官方微博 http://weibo.com/2119887771
天津千鹤文化传播有限公司印刷　各地新华书店经销
2024年6月第1版第1次印刷
开本：880×1230　1/32　印张：7.25
字数：138千字　定价：49.80元

前言
PREFACE

生活中，不知道你是否曾有以下苦恼：求人帮忙却碍于面子说不出口？与客户洽谈，还没开口就被拒之门外？向上司汇报工作却说不清楚？与他人侃侃而谈却说不到重点？本想帮助他人却遭到误解……说不出口、说不清楚、说不到重点、说了后悔困扰了很多人，造成这些结果的原因，并不是因为做得不够好，而是因为你不懂如何说，不知道对方想什么、需要什么。

的确，语言作为人与人之间沟通的媒介实在太重要了。当今社会，口才更是我们任何一个人必须要掌握的一项基本的生存技能，是决定一个人做事成败的关键因素，而口才，应用到我们的日常生活中就是谈话。

毋庸置疑，不管是在日常生活中，还是在紧张的学习、工作生涯中，每个人都难以避免地要与他人谈话。现在，我们来想想看，在我们的周围，是不是有这样的人：他们看起来并不出众，但就是走到哪里都能受到别人的欢迎，成功也比别人来得更快！这是因为他们深谙谈话技巧，事实上，任何一个成功者，他们的秘密都在于他们掌握了这种说话的技巧，总是能说出让别人感到愉快的话。并且，这些能说会道的人也总具备一种魔力，他们总是能用语言引导他人，让别人跟着他们的思维走，为他们所用。

与闲聊不同的是，生活中的谈话有一定的目的，在谈话中，尤其是高难度谈话更需要我们挖掘出其内在逻辑结构、思维结构及情绪对话等部分，它是一种技巧。深谙高难度谈话技巧的人，他们能洞悉对方的心理、了解对方的筹码，他们总是能左右逢源、能得到那些素不相识的人的支持，能带动交际场合的说话氛围，能消除与他人之间的误会，能说服他人、达到自己的目的。

当然，我们要达成交谈目的，就不能一味地侃侃而谈，而先要做准备、不打无准备之战，善于说话的人不一定说得很多，但是，他说过的每一句话都能够恰到好处。而那些善说者之所以能将话说到点子上，还在于他具备丰富的沟通理论知识与实践方法，说出对方想听的、了解对方所担心的等，这样，我们就找到了与他人进行良好沟通的那把钥匙。

《高难度谈话》这本书就能帮你做到这一点，本书立足于口才提升的角度，告诉我们谈话对于人际交往的重要性，并且带领我们根据不同场合分析和探索谈话技巧，掌握高难度谈话技巧，它可以使你摆脱无所适从的困境。这样，无论是在与陌生人的交往中，还是在职场中，或是在商业销售与谈判中，你都能够使用本书所提到的沟通技巧与方法，让你在与人沟通中畅通无阻。

编著者

2023年10月

目录
CONTENTS

第01章 你说怎样的话，就代表你是怎样的人

生活中，一个谈吐有魅力的人远比那些徒具美丽外表的人更能引起别人的兴趣。一个人拥有漂亮的外表固然重要，但是漂亮的容颜却会随着时间的消逝而改变，只有由内而外散发出的魅力才会伴随终生。因此，我们可以说，嘴巴比衣着更能代表你的形象，你怎样说话，就代表了你是怎样的人，并且，魅力谈吐不仅能够正确地表达信息，还能传递出一种吸引力、感染力，深深地吸引着身边的每一个人，进而让大家愿意主动与你交谈。

你如何说话，决定了别人对你的印象

我们都知道，人与人之间的交谈，往往借助的是语言的媒介，而我们说了什么就会给他人留下什么印象，一个不修边幅、举止粗鲁、满嘴齐东野语的人，给人留下的印象是粗鄙和野蛮，交谈之中多数是话不投机半句多，往往在没有说几句话的时候就会让别人产生厌恶的情绪，甚至连和他互道寒暄的表面文章也懒得去做。而一个谈吐优雅从容，哪怕是开个玩笑都带有含蓄的幽默感的人，所体现出的涵养气质就会把对方征服，让对方更愿意倾听他，并且觉得受益匪浅。

孔子说："无友不如己者"，鼓励人们和优秀的人士交往，获得个人境界的提升。人们都愿意和有气质有内涵的人成为朋友，而对粗鲁的人却是避而远之。因此，与人交谈，我们要学会运用正确的交谈方式，每一个词语、讲话时的姿势、表情都要做到优雅大方，这样才能获得别人的好感。

婷婷就职于一家广告公司，负责创意方面的一些工作。最近，公司的创意小组组长即将晋升为创意部的部长，这个创意组长的位子就将空下来。为此，这些部下们纷纷走动起来了，希望上司能提携一下。婷婷自然也不会落后，她认为自己在公司是年轻的新一代，曾经策划的几个创意都被公司高层表扬过，老组长对自己的工作也还是很肯定的。但婷婷感到奇怪的是，不知道为什么，老组长居然推荐比自己实力稍逊一筹的另外一位同事担任创意组组长。

这天，婷婷正准备向老组长问清原因，当她准备敲门进去的时候，听到老组长和公司的王主任对话：

“我觉得刘婷婷的工作能力挺好的，你怎么没推荐她呢？”王主任问。

“她的工作能力我的确是可以肯定，但你发现没，她在公司的人际关系并不怎么样，这主要在于她太自高自大了，打个比方，平时见到我，她都像没看到似的，从不打招呼。你再看看小张，他不管对谁都客客气气的，公司谁都喜欢和他交往，这个创意组组长，必须得服众，不然以后怎么带领大家工作啊。”

“这倒也是，现在的年轻女孩，很多都和刘婷婷一样，很不懂礼貌啊。”站在门外的婷婷听完后，懊悔地低下了头。

从这则故事中，我们发现，懂得礼貌用语是我们获得良好人际关系、求人办事成的前提。

俗话说：“良言一句三冬暖，恶语伤人六月寒。”人际相处是平常的事，也是一件微妙的事。一张笑脸带着一声问好能带给他人好心情；相反，一句粗话恶语却会破坏人们良好的情绪。坏的情绪和好的情绪都容易传染。

当然，优雅的谈吐举止、措辞的技巧和先天的条件没有丝毫的联系，主要来源于后天不懈地努力和追求，谈吐优雅不是一朝一夕之功，而是要在日积月累之中才能完成。要想做到文质彬彬、谈吐优雅，并不是装腔作势就能解决问题，刻意模仿他人的外形而不注意内心文化修养的提升，最终不过是邯郸学步，东施效颦，适得其反。

因此，在日常生活中，我们要注意这方面知识的学习和技能的培训，大致说来，练就优雅的口才主要有以下几种方式。

1. 积累知识，才能言之有物

俗话说："厚积薄发"。一个人收缩自如的谈话能力绝不仅仅是技巧性的问题，而是在经过了对生活的思考、学习和研究才有的结果。因此，在生活中，你不能忽视学习的重要性，需要每天为自己充电，对于所见所闻要观察思考表面和内在的东西，从中锻炼思考能力和概括能力，并以此来作为提升自己的一个有效途径。只有这样，你才能在张开口的时候不至于心虚，避免让别人对你皱起眉头，甚至转身离开。

2. 表情自然，举止得体

与人相识，第一印象是最重要的。在见面的时候，双方都需要自我介绍一番，自我介绍的过程，也正是展现一个人修养品质的过程。一定要做到举止优雅、仪表大方，展示出表情自然而又不失亲切真诚的微笑。在自我介绍的时候，万万不能毫无自信唯唯诺诺，更不能面红耳赤，双手不知道放在什么地方，两眼只知道盯着脚尖，这样会有失风度。在自我介绍的时候，我们可以将手放在胸前，语气自然、表情从容，语速不急不缓，语音清晰优美，这样才能获得别人较高的评价。

3. 自信交谈，但切忌骄傲自大

在与别人交谈的过程中，每个人都想获得对方的认可和重视，这就需要一个有效的自我推销和包装方法。推销自己的前提是做到自信，只有抱着自信的心态才会使人发挥出正常的状态。因此，我们不妨用闲聊的方式，来展示自己的特长及才华，比如将自己的能力穿插在个人经历的讲述中，用谦逊的语气来陈述，让别人了解你的同时又不会觉得你是在自吹自擂。假如用自我炫耀的口气大肆渲染个人能力的话，给人的印象是自高自大，别人会对你失去信任感。因此，你一定要注意谈话的方式和掌握适度的原则，给人留下自信、谦虚而又不卑不亢的深刻印象。

4. 措辞谨慎，切勿夸夸其谈

在与人交往的过程中，难免要在事业及对社会现象的认识上有一定的交流。措辞的问题至关重要。比如在谈论社会现象的时候，万万不能运用一些“道德沦丧”“世风日下”等偏激因素太浓的词语，以免给人带来愤世嫉俗的错误印象。在交际中讲究温文尔雅，但并不是华而不实的夸夸其谈，满口子曰诗云，炫耀自己的见多识广、博学多才，而是要有礼有节，既不能说出粗俗的话，也不能掉书袋，否则的话，就会弄巧成拙，让别人不屑与你进行更进一步的交谈。

言语尖酸刻薄，只能让人讨厌

中国是个宽容大度的民族，宽以待人也一直被人们奉为至高的行事准则。现代社会，它仍然十分有用。日常生活中，我们与人交往，如果待人真诚、和善、大方、谈吐文雅，就会给人留下良好的印象。然而现实生活中，总是有一些人，他们衣着光鲜、容貌姣好，但却不讲“礼”，得理不饶人，一旦发现他人的失误，便抓住不放，满嘴脏话、尖酸刻薄，让人生厌。试问，又有谁愿意与这样的人交往呢?

不得不说，在我们的生活中，不少人不曾把谈话当作一门艺术，他们没有意识到谦逊的交谈方式在工作中的重要性，更没有在谈吐上历练自己。他们说话，宁肯随便用粗俗的语句，而不肯“三思”而后言，同一种含义，他们却不能用文雅、优美的语言表达出来。相反，那些广结善缘的人多半都是大度的、修养好的，而那些尖酸刻薄的人常常孤立无援。

伊娃是个“犀利”甚至可以说是尖酸刻薄的女人，她平时不大开口，但一开口，绝对能将与之对话的人说得不知如何应对。虽然她很优秀，但她的人缘确实不大好，因为谁也不希望与一个尖酸刻薄的女人打交道。而正是因为她的尖酸刻薄，也让她几次与好工作擦肩而过。

那天，伊娃来到某公司面试，因为还没有轮到自己，她就去了趟洗手间，要洗手时才发现没有洗手用的香皂。她看见隔壁放着一块，但正好有一位老妇人在用，伊娃原本准备等等，但老妇人洗得实在太慢了，伊娃就说：“麻烦你快点行不行？”

老妇人说：“你没看见我在用吗？”

“一个老太太，再洗也就那样，还能洗回到十八岁？”伊娃说完看到老妇人脸都绿了，伊娃赶紧抢过来香皂，洗完就出去了。

可事实上，伊娃正因如此，才失去了面试资格。因为这位老妇人正是这家公司的董事长——一个很注重修养的人，她认为，一个对老人都如此尖酸刻薄的人，能有什么大出息？

伊娃失去面试资格，就是因为她太过尖酸刻薄了。假如她在洗手前把话说得好听点："对不起，让我先用一下好吗？"恐怕，最终的结果将会大不相同。由此可见，语言对于我们的重要性。

品质来自修养，一个有修养的人，总能在别人心中留下一个心胸宽广的形象，那么，生活中的人们，如果你不想被人讨厌，就一定要做到大度、真诚、宽容，而不是尖酸刻薄。具体说来，你需要做到：

1. 热情待人

热情是刻薄的天敌，与人交往，良好印象的形成中，热情是第一个被对方感知到的品质，这也是人际交往中的心理规则。因为人们总是有这样的感觉，那些热情的人肯定会有其他良好的品质，如有爱心、乐于助人、对生活保持乐观态度、容易接近等，而这些都是人们在交往中希望看到的。

2. 真诚

与人交往，赢得信任的最基础条件是真诚，一个人只要真诚，总能打动人，真诚是沟通人与人心灵之间的桥梁。真诚是一种巨大的人格力量，一旦具备了真诚的人格品质，你在别人印象中就与信用、善良、美德结缘。

3. 态度诚恳、亲切

尖酸刻薄多半都体现在语言上。说话的根本目的就在于传达思想、交流感情、与人建立关系等，因此，语言只是一个表达方式，你除了要注意语言外，还要注意说话时的神态、表情。例如，当别人心情不好，你向别人表示安慰时，嘴上表示的是你的关心，但眼神却游离不定，那对方一定认为你只是在敷衍而已。所以，说话必须做到态度诚恳和亲切，才能使对方对你说的话产生表里如一的印象。

4. 用语谦逊、文雅

你要学会多用这样一些礼貌用语：您好、谢谢、请、对不起、别客气、再见、请多关照等。运用礼貌语，还要注意仪表神态的美，当你向别人询问时，态度尤其要谦恭，挺胸腆肚。直呼其名，或用鄙称，必遭人冷眼，吃“闭门羹”。

总之，从现在开始，与人交往，我们一定要呈现出自己最好的品质，绝不做尖酸刻薄之人。

贴心一点，谈话时要顾及别人感受

我们都知道，与人谈话，要想让他人从内心真正接受我们，是需要一个过程的，这个过程就是良好印象不断累积的过程。的确，那些深谙谈话技巧的人毋庸置疑是那些让别人觉得“贴心”“了解我”“信任我”“接纳我”这种类型的人。因此，如果你认真努力地去了解别人的心意，非但大家会抢着成为你的朋友、想和你谈恋爱、买你的商品，也会蜂拥而来寻找你。

所以，在与他人谈话的过程中，我们千万不可趾高气扬，目空一切，不可一世，也无论你有怎样出众的才智，都不要把自己看得太了不起，你要做的是多从他人的角度考虑，说话贴心一点，只有这样，才能获得他人的支持。

张阿姨身体一直不好，有心脏病，还经常失眠，而最近，隔壁好像在装修，经常大清早的就来了，夜间失眠张阿姨好不容易睡着，又被吵醒了。为此，张阿姨的儿子很生气，要去对面理论一番。

谁知道，第二天大清早，对面的邻居就敲开了张阿姨家的门，张阿姨从厨房走出来，这位邻居急忙上前做了一个作揖的姿势："大妈，我今天来，是想说声对不起，我今天才知道您心脏不好，昨天打扰到您了，不过您放心，我给工人说好了，装修时间就定早上8点半到中午11点半，下午2点半开始，晚上最晚到6点半，他们如果违反规定，我就扣他们的工钱，这是我的名片，他们如果做得不好您就给我打电话。"

第二天装修的时候，这些工人果然遵守这位邻居定好的规矩，而且很会办事，他们在使用那些噪音比较大的工具时，都会知会张阿姨一声，让老太太有个思想准备。以前，其他邻居在装修的时候，整个楼层的人都会倒霉，不仅是噪音，楼里楼外又脏又乱。而这家的装修工人却把废料装在编织袋里，整齐地码放在楼角处。每天，他们在装修完之后，都会把这些废料一起带走。另外，他们严格遵守规定的工作时间，所以楼层的邻居们都没有被吵到，两居室足足装修了两个多月，时间确实长了点，可没招来邻居一句抱怨。

为此，张阿姨对儿子说："多为人家想想，就没什么可生气的。”

的确，替别人着想是一种美德，是解决问题的首要途径。换个角度来讲，替别人着想，不仅释放了自己，改善了自己的心境，使自己不容易生气，还能减少人际矛盾，让彼此关系更进一步。

人际交往中，我们也应该和故事中的邻居及张阿姨一样，凡事多为对方考虑，让对方感受到你的贴心，那么，对方便也会认可你和接受你，具体来说，我们可以这样做：

1. 凡事多询问对方的意见和想法

询问与倾听，不仅能防止自己为了维护自己的权利而侵犯他人，还能帮助我们鼓励对方说出自己真正的想法，了解他们的愿望与感受。一个懂得谈话艺术的人，都是善于通过倾听来获得好感的。

2. 说话要慢一些

慢一些说话，不仅有利于对方听懂你的意见，更能让你慢条斯理地理清思绪。生活中，人们经常因为没有花时间系统地质疑自己的先入之见而身陷糟糕的交谈中。心理学家把这种急切的心态称为“确认陷阱”——他们没有去寻找支持自己想法的证据，同时又忽视了那些能证明相反意见的证据。

3. 换位思考

如果你与对方产生了分歧或者利益争端，应当把自己和对方所处的位置关系交换一下，站在对方的立场上，以他的思维方式或思考角度来考虑问题。这样，通过换位思考，你就会发现，他的要求并不过分。通过换位思考，你会真切地理解他此时此刻的感受；通过换位思考，你也会变得宽容。

总之，人都是情感动物，我们要想真正做好与人谈话，“用刑”不如“用情”，多为对方考虑，站在对方的立场说话，他会觉得你在为他着想，对方就会“臣服”于我们的真情实意。

过度倾诉，只会让人嫌弃

生活中，我们每个人都有倾诉的欲望，尤其是遭受到挫折、委屈时，更想要一吐为快，这是一种释放压力和痛苦的方式，然而，凡事都有度，过度倾诉，只会让人嫌弃。

要知道，倾诉本身，就是向别人诉说自己的事，而既然是你自己的事情，别人为什么要听呢？而且，倾诉的内容往往是失败或是挫折或是没有办法和众多人诉说的事情，这些事一般是消极的、负面的，无法给他人带来积极的情绪体验。将这些负能量传递给对方，一次两次，对方并不会说什么，但如果你将对方当成了总是倒苦水的“垃圾桶”，恐怕就会遭人嫌弃和鄙夷了。

另外，从某种程度说，过度倾诉，实际上是模糊了人与人的界限。在丧失边界的同时，也意味着侵犯了别人的边界。人与人之间需要距离感，距离产生美。过度倾诉实际上也是对自己的过度曝光。除了我们最亲近的父母和爱人，哪怕是最最亲密的朋友，如果每天都在接受我们生活的各种负面信息，也会厌烦的。

所以，你知道为什么过度倾诉会被人嫌弃吗？

倾诉，是一种带着强烈的个人情感的行为，指的是向倾诉对象发出代表当下或者对待某事的一种心情态度。倾诉欲强的人，内心常常缺乏安全感并且无法进行自我调适。

当然倾诉欲强的人不一定都是缺乏安全感的，也有可能是缺乏对自己的认知和独立处理问题的能力。

向倾诉对象倾诉的时候，得到对方的认同的心理是大于希望对方提供给自己建议的心理的。所以往往倾诉的目的并不是为了消除困惑、解决困难，而是希望被人理解、支持，是为了获得认可和肯定。过度倾诉其实也是不自信或者说是自卑的体现：压力面前的不自信，挫折面前的自卑；困难面前的不确定，失败面前的无助。倾诉适量可以，过度的话，只能说明你有一颗玻璃心。

可是，我们必须要接受的一点是，我们所生存的社会不需要玻璃心。

有一种商叫作逆商，也就是面对挫折的能力。那么如果经常无法面对失败，或是孤独，只能说明这个人还未完全长大。其实到最后，我们的人生是需要自己去走完的。甚至是我们的父母及爱人，都没法保证可以陪伴我们一辈子。

而人与人交往中我们很看重对方的情商。

情商里的两大关键词是真诚和分寸，前者意思是需要付出真正的感情让对方感受到体贴和理解，后者的意思是需要正确处理好两者的关系，尊重每个人的私人空间，不过分隐藏，也不过分暴露。

过度倾诉的人身上最大的问题就是没有把握好分寸，而他们遭人嫌弃的本质就是："我自己的生活已经一团糟了，你为什么还要来烦我，我需要自己的空间和精力，你明白吗？"

其实嫌弃比讨厌更让人害怕。因为嫌弃背后的深层含义就是，你已经对我造成了影响，我已经不想跟你继续做朋友或者保持其他友好的互动了，我们的关系已经由好变坏了。

嫌弃的最开始是有点不喜欢，当我们愉快地聊天变成了一方不停地念叨的时候，自然而然就变成了嫌弃。

那么如何防止过度倾诉呢？

第一，你倾诉内容的多少，要依据对方的性格及彼此关系的亲疏来决定。

如果是特别亲密的朋友，可以分享彼此三观一致的东西或者交换一部分生活的想法。但是注意不是单方面倾诉，也要学会聆听对方的需求，做对方的耳朵。

如果只是陌生人，只能依据场合适当地分享而不要将自己的一切展露无遗。要知道，害人之心不可有，防人之心不可无，也许在你一吐为快时，反而给他人留下了伤害你的武器。

第二，倾诉时需要注意对方的反应，而在倾诉过后需要表示对对方的感激。

比如可以选择一家环境不错的茶馆、咖啡厅或是在问题解决时给对方一个小礼物甚至谈话过后的一个拥抱甚至是简单的一句谢谢也能收到不错的效果。

因为倾诉时需要耗费对方的时间精力，如果没有相应的补偿，对方是看不到你的诚意的，也就是说你传递了负能量，也需要给对方一些积极正面的东西作为回馈。

第三，遇到压力时学会自我调节，不要只想着倾诉。

实际上，我们生活中的每个人都有很大的压力，为什么需要别人了解你的压力呢？一个优秀的人，必定是一个懂得和自己对话，进行自我调节的人。没有一个人可以真正地感同身受。倾诉本身也是一种对生活负面的强调。当我们在遭受了苦难还要把这种情绪带给别人的时候，本来就意味着自己无法释怀。

其实放下一些事情，坦然面对挫折，大步向前走，也不失为一个更好的选择。

勿把说话直白伤人当作真性情

生活中，每个人都渴望交流和沟通，语言是人际交流的重要方式，交谈有利于彼此之间交换信息、想法和感受。那些不善言辞的人，通常情况下，人际关系都会逊色于那些具有良好口才的人，口才已经成为新世纪判断人才的重要标准。因此，作为一个与时俱进的人，学会说话已经变得尤为重要。但生活中，总是有些人，把说话当成辩论赛，好像说得快、说得多就代表自己胜利了，说话往往脱口而出，事实上，正因如此，而导致祸从口出，说一些不该说的话，犯一些无法弥补的错误。

举个浅显的例子：当你下班后，来到超市买菜，在左挑右选后，终于可以付款回家做饭了，但付款队伍犹如长龙一般，队伍前进的速度非常缓慢。前面有一个老太太“霸”在收款台前，用了很长时间数着收款员找给她的零钱，你一面心疼浪费掉的时间，一面强耐着性子等待，最终可能就按捺不住歇斯底里吼了一声。但这一声之后，你发现老太太也不是“省油的灯”，羞愧后也勃然大怒、反唇相讥，接下来，可想而知，可能就是彼此间的谩骂，甚至会给自己招致祸端。

生活中的任何一个人，都要明白，你已经不是孩童了，说话做事都要先经过思考，思考其后果，而不是逞口舌之快。其实，任何一种意思都可以含蓄隐晦地表达，与他人说话时，言语不可太直，也就是人们常说的“说话留三分”，否则会招惹对方不快。因此，委婉地表达自己的意思，就能增加神秘感，也就有可能收到所期望达到的效果。

宋朝有位名宰相叫寇准，此人虽有治世之才，但不爱学习，就如同其朋友张咏曾评价他：“寇公奇才，惜学术不足尔。”为此，张咏一直想找个机会劝劝寇准多读些书。因为寇准身为宰相，其知识的深浅关系到天下社稷。

过了些天，寇准因事来到陕西，刚刚卸任的张咏也从成都来到这里。老友相会，格外高兴。临分手时，寇准问张咏：“何以教准？”

张咏对此早有所考虑，正想趁机劝寇准多读书。可是又细细想来，寇准已是堂堂的宰相，居一人之下，万人之上，如果直接对他说让他学习，这不是明说了他没有学问吗？这也会让堂堂的宰相失了身份的，于是张咏略微沉吟了一下，慢条斯理地说了一句："《霍光传》不可不读。"

这一番话说得寇准云里雾里，不知道张咏想表达什么意思，但寇准也没有多想，随后就离开了。

回到相府，寇准赶紧找出《汉书·霍光传》，他从头仔细阅读，当他读到"光不学无术，暗于大理"时，恍然大悟，自言自语地说："这大概就是张咏要对我说的话啊！"

张咏的聪明之处就是在不伤害寇准面子的情况下，隐晦地表达自己劝谏寇准读书的含义。

我们不难发现，职场中，一些人很勤奋努力，但却不见升职加薪，其实问题就出现在他们的嘴上，一般情况下，他们所犯的错，就是对某些人群进行概括性的负面评价。比如，可能某个人在休息时间，无所事事时，会谈及大家共同关心的问题，比如婚恋问题，可能这个年轻人会说："女人三四十岁不结婚，心理肯定有问题。"或许此时，他旁边就站着一个大龄未婚女，那么，从此这位"大龄女"也就与这位年轻人有了芥蒂。

心理咨询师认为，"大嘴巴"的人企图用提供信息获取他人的肯定、接纳、赞赏，并被同事欢迎。这种人短期可能会被认可，但久而久之肯定会成为老板最想一脚踢走的家伙。

当然，不仅仅是职场，我们在任何场合，都要注意自己的说话方式：说话太快，不考虑别人的感受，张嘴就来，非要逞一时口舌之快，就可能让别人心有不悦，甚至激怒别人。

所以，嘴上占上风并不代表你有多么了不起，别人不会因为你的“伶牙俐齿”“心直口快”就佩服你、喜欢你，反而会因为你的不识抬举、不懂礼貌而厌恶你，你的人际关系也就会因此而越来越差，甚至出现孤立无援的悲惨局面。

总之，“说话”也是一种艺术。说什么、怎么说，都有讲究。很多时候，一句恰当的话可以为你加分，而有时吃亏就是因为没能管住自己的嘴巴。对此，我们要有清醒的认识，无论想说什么，不妨先打个腹稿，多考虑一下自己这样说的后果，这样，能避免说出很多不该说的话。

真诚的谈话态度，更易打动人心

在生活之中，我们随时都要准备和别人进行交谈。几千年来，从来没有过不与外人接触的生命体和生命过程，每个人的一生，都是在不同交际场合的转换过程中开始、完成的。人生就是一场脱口秀，可以秀出一个人的品位和成就。说得好的人才能够做得好，因为一个好的口才可以换来好的交际圈，拥有很多可以推心置腹的朋友。

事实上，无论任何形式的谈话，我们都要做到真诚。真诚的话语如一缕沁人的春风，能滋润孤寂的心灵；如一杯新沏的绿茶，安抚着酷暑下扰人的心境；如一滴心灵的洗涤剂，荡尽尘埃，开启清澈的心房。说话真诚往往给人一种信任感，能在纷繁中演绎默契沟通。

1863年，美国葛底斯堡国家烈士公墓竣工。

在公墓竣工典礼落成那天，公墓管理中心的人请了当时的国务卿埃弗雷特来致辞。由于时间比较仓促，埃弗雷特在没有做好充足准备的情况下来到了主席台上。

他站在台上，望向了远处的人群、麦田、牧场、果园、连绵的丘陵和高远的山峰，于是就从眼前的景色开始谈起："站在明净的长天之下，从这片经过人们终年耕耘而今已安静憩息的辽阔田野放眼望去，那雄伟的阿勒格尼山隐隐约约地耸立在我们的前方，兄弟们的坟墓就在我们脚下，我真不敢用我这微不足道的声音打破上帝和大自然所安排的这意味无穷的平静。但是我必须完成你们交给我的责任，我祈求你们，祈求你们的宽容和同情……"

埃弗雷特讲完这番饱含感情的话之后，在场的很多人都感动得热泪盈眶，他们在心里深深地缅怀着那些在护国战争和南北战争中英勇牺牲的先烈们，同时又对这位国务卿充满了崇敬之情。

事实上，在毫无准备的情况下去讲话和发言其实并没有太大的难度。只要讲话者能够镇静一点、从容一些，充分地发挥个人的聪明才智，就一定能够取得很好的效果，也能够得到别人的支持和赞扬。

那么，我们该如何在说话时展现自己良好的态度与魅力呢？

1. 让你的微笑活泼一点

实际上，生活中的每个人，生来就会微笑，但随着年龄的增长，随着生活压力的加大，我们逐渐忘记了这一本能，似乎我们总是能找到让自己愁眉苦脸的理由，尤其在陌生的环境里，微笑最容易被我们忽略。

事实上，你如果能笑一笑，并让你的微笑活泼一点，那么，别人就会被你的真诚和快乐所感染。因此，你不妨：当你接受过别人的帮助后，你应该面带微笑地对他说声“谢谢”；清晨，当第一缕阳光照在你身上的时候，不妨对你的爱人说声“早安”；当你的同事升职后，你应该发自内心地祝福他：“恭喜你”。一旦你的言辞能自然而然地渗入真诚的情感，你就拥有了引人注意的能力了。

2. 不可傲慢无礼

那些经常夸夸其谈的目中无人者是令人讨厌的，为此，我们要做到态度自然、和蔼。

3. 注意你的声音的分贝

与人交谈时，不要认为高声谈笑就是真实自然的表现，声音分贝过大，不仅会影响到别人，让别人觉得刺耳，还是一种无礼的表现，因此，你说话应轻声轻语，声音大小以让对方听清为宜。

4. 不要卖弄你的口才

即使遇到意见不合的问题，也不可高声辩论，不要当面指责，更不要冷嘲热讽，甚至恶语伤人，而应语气委婉，各抒己见，尽量说服对方或求同存异。

5. 不要顾此失彼

在和多人交谈时，千万不要只关注一个人而冷落了其他人。最好是用一个话题唤起大家的兴趣，让每个人都发表自己的意见。

6. 不要打断别人的谈话

别人讲话时，话题突然被打断，会让对方产生不满或怀疑的心理。别人会认为你不识时务，水平低，见识浅；认为你讨厌、反感这类话题；认为你不尊重人，没有修养。

当然，语言谦和也要把握好度的问题，说话只是表达思想，说明事情，没有必要靠语言来乞讨怜悯或掠取威严。你不必要唯恐别人不高兴，极力表现出毕恭毕敬的样子，唯唯诺诺、点头哈腰，堆砌一大堆客套话，其实这只会被人瞧不起；而盛气凌人、出口伤人，摆出一副傲慢的姿态，会令人敬而远之，或觉得这人不知天高地厚，浅薄至极。正确的方法是不卑不亢、客气大方、讲究实在、有理有节。

总之，与他人交谈过程中，若我们做到以诚待人，真诚帮助他人，可以使不认识的人对自己微笑，可以融化他人的疑虑、冷漠、拒绝，换取他人对自己的信任和好感。

话谈得好，事情才能办得成

无论是生活还是工作中，我们要办事就免不了要与人交流、谈话，在开口前，我们要预先想好词，掂好句，先说什么后说什么，怎么说和说到什么程度，都应该有个讲究，要知道，只有把话谈好了，才能把事办好。

我们借助一定的表达方式把自己要办的事说出来，这是一种语言的艺术。具体来说，我们可以这样做：

1. 自我推销：有好印象后再套关系

初次见面时让人对你留下深刻的印象，是非常重要的。和陌生人见面时，要先做好自我介绍。当你们见面，目光相对，互露微笑之后，接下去就是“我叫……”的自我介绍，这种介绍的要点就是要讲清楚自己的名字和身份。如果对方因没有搞清你的名字而叫错你，彼此一定会觉得很尴尬，很容易造成不愉快的场面。因此，自我介绍时，除了要讲清楚自己的名字和身份外，最好能附带一句比如说“张，弓长张。”这样不但不会使对方误解，还可以加深印象。

非常重要的一点是必须记牢对方的名字，最好的办法就是找机会说出对方的名字，帮助记忆，在讲话中时常提到对方的名字，让对方因觉得你很重视他，让对方感到愉快，促进感情交流。

2. 套近乎：拉近感情后再谈正事

托人办事之前首先要通过语言拉近与对方的距离，俗称“套近乎”。套近乎就是要在交际双方的经历、志趣、追求、爱好等方面寻找共同点，诱发共同语言，为交际创造一个良好的氛围，进而赢得对方的支持与合作。套近乎是交际中与陌生人、尊长、上司等沟通情感的有效方式。

3. 打破冷场：气氛和谐后再谈正题

俗话说：“酒逢知己千杯少，话不投机半句多。”托人办事也是如此，要开动脑筋，注意观察，迅速找到共同点，以此作为一种契机，与受托对象进行和谐投机的谈话。

有一位女记者去采访一位科学家，到了科学家那儿，女记者看到墙上挂着几张风景照，于是就谈起了构图、色调等。原来这位科学家爱好摄影，他兴致勃勃地拿出了他的相册，双方谈话气氛非常融洽。正是由于这种气氛，后面的正题采访进行得非常顺利。

后来，这位女记者又接到采访一位特级教师的任务，在出发前，就有人告诉她，这位女教师脾气古怪、性格倔强，说不好三言两语就把人打发了。记者到学校去找她，发现她正在和传达室的人发脾气，记者也没有打断她谈话，而是静静地听，随后发现其口音是浙江人，心里暗暗高兴，因为她也是浙江人。后来，她们的交谈就从家乡谈起，越谈越热乎，这一段题外话也为正题作了很好的铺垫。

实际上采访和托人办事差不多少，记者的经验可供各位办事者借鉴。双方的心是相通的，交谈是和谐的，进而才能缩短距离。因此，我们和陌生人的交谈，千万不要把话讲完，把自己的观点讲死，而应是虚怀若谷，欢迎对方和我们探讨。

第02章

敏锐的思维能力，是高难度谈话的前提

有人说，语言是思维的外衣，的确，人们内心想什么，语言就是最好的表达方式。正因如此，我们若想口绽莲花，首先就要先过脑子，也就是训练自己的思维、时刻保持思维灵敏度，只有说对方爱听的话、说出有水准的话，才能彰显你的文化修养和谈话技巧。

开口前先动脑，保持思维的灵敏度

我们都知道，我们任何人说话都不是乱说一气，而是或多或少有自己的目的或主题，但要把话说好，必须要符合逻辑，这就要求我们做到思维灵敏，开口前先思考，比如开场说什么、中间说什么、怎么接话、如何结尾等。如此，我们才能做到有备无患、心中有数。另外，我们还要考虑到说话中可能出现的意外情况，在头脑中梳理一遍讲话过程，能帮助我们尽量减少这些问题的存在。

在大多数情况下，除了日常的闲聊，我们都会有时间做谈话的准备。在开始之前，我们应该对自己将要讲的内容预先梳理一番，对于讲话过程中对方可能出现的回应有所预期并设想好应对方案。所谓有备无患，就是说事先对讲话内容有所准备，对讲话可能引起的反应有所预测，则一不会出现临场心慌、不知所措、语无伦次的尴尬；二不会失去对话时控制场面的主动权，使对方的思维能被自己 引导，从而达到让对方理解自己意图的目的。在讲话之前对要讲的内容打好腹稿，预先做一些遣词造句的工作，也可以让自己对要讲的内容应选择什么样的词句事先有所了解。

事实上，一个人组织语言的能力与其思维能力是分不开的，我们发现，通常那些思维敏捷的人总是“张嘴就来”，反应速度很快，有着很强的谈话能力，他们无论是自己被刁难时，还是需要回答问题时，都能快速地组织好语言，可谓巧舌如簧。而那些思维不够敏捷的人，说话时经常短路，反应不敏捷，经常比别人慢半拍；见解不深刻，没有创新的思维，经常是人云亦云；思维狭窄，没有新意，言语没有力度。语言就好像思维的外壳，思维则是语言的基础。说话，既需要讲究方法，又需要训练思维，如此才能真正地做到内外兼修，也才能突破说话的“瓶颈”，同时让我们的说话水平依托着敏捷的思维而渐入佳境。

里根就任美国总统后，第一次出访加拿大，时值加拿大正举行反美示威游行。一次，里根总统的演说被反美示威游行的人群打断。只见里根总统面带笑容对陪同的加拿大总理特鲁多说：“这种事情在美国时常发生，我想这些人一定是特意从美国来到贵国的，他们是想让我有一种宾至如归的感觉。”本来双眉紧锁的特鲁多，立即笑了起来。

有些场景的变化是出人意料的，作为说话者来说，如果思维不敏捷，应对不好，就会使自己陷入某种困境。这就需要说话者具备敏捷的思维，善于变换切入角度，灵活地应对和驾驭各种局面及场景。在上面这个案例中，里根高超的说话艺术体现了其思维的敏捷度，故作曲解、歪解，从而化解了主人的窘迫，同时还体现了自己作为总统的胸襟与气度。

那么需要培养什么样的思维才能提高思维的敏捷度呢？首先是辩证思维，也就是正反两方面看问题，一分为二地看问题，这样就可以让你看问题更有高度；其次是分析思维，这可以让你看问题有广度，不仅看问题比较全面，而且你言之有理，因为你把问题分析开了、具体了，这样就解决了许多人无话可说的情况；最后是逆向思维，这可以让你更深层次地看问题。总而言之，思维就是说话重要的基石，需要不断地、常常地练习，通过这几种思维方式来练习说话，假以时日，你就能成为一位思维敏捷的说话大师。

那么，我们该如何训练出谈话的敏捷思维呢？

1. 丰富知识结构

思维敏捷来自丰富的知识结构，你所掌握的知识越多，你说话时思维就越活跃、越敏捷，因为大量的知识让你触类旁通，左右逢源，毫无思维短路的感觉。因此需要博览群书，不断地扩大自己的知识面，增加自己的知识量，说话之前做好充分的准备，熟悉你所需要表达的内容。

2. 尽量多说

在各种场合都需要尽量地多说话，而且是主动地说话。在公司会议上踊跃发言，哪怕你给家里的老人读读报纸也可以，看完了电影或者小说，可以向朋友复述电影、小说的情节内容。这样你的思维就会逐渐敏捷，口齿也越来越伶俐。

思路清晰，谈话要言之有序

生活中，我们不少人认为，好口才就是谈话时滔滔不绝、能说会道，而其实，判断一个人口才好坏的标准并不是这两条，真正的口才并不是一味地说得多、说得快，而是要有逻辑、有条理、有针对性地表达我们的想法，也就是要说对话。那些会说话的人，能够准确地表达自己心中所想，并用恰当的词汇来修饰；会说话的人，能够把道理有条理地讲出来，不会让别人感到混乱；会说话的人，说起话来轻松自然，任何人都能够很快理解他的意思；会说话的人，通过说话来表现自己，通过说话来增加别人对自己的好感。

相反，我们也发现，有这样一些人，他们在说话时，作为听者，似乎我们总是听不清楚他在说什么，似乎他总是在自说自话，我们想了解的，他们也不会告知，所以这样的谈话是无效的。

因此，我们可以说，高难度的谈话技巧必须以言之有序为前提。言之有序与一个人的思维能力有重要关系，思维是否清晰，将决定着说话是否有主次。比如，当我们在叙述一件事情的时候，一定需要抓住这件事情的重心，有顺序地进行叙述，语言要清晰、明白。千万不能东一句、西一句，让人听了不知道你到底在说什么。总而言之，说话有重点，才能突出中心，彰显语言的逻辑性，否则说话就如同一盘散沙，不仅听众不知道你说的是什么，就连自己也是如坠云里，摸不清东南西北。

我们先看下面一位大学生职业规划演讲的案例：

许飞是一名即将毕业的工商管理专业的大学生，在毕业典礼上，她需要代表全系同学进行一次职业规划演讲，对此，她准备良久，登台之前，她深呼吸一口气，然后闭目养神，将预先练习好的讲话过程再过了一遍，然后她大胆地走上了演讲台。

“尊敬的老师，亲爱的同学们：

“大家好！我是来自工商管理系的选手许飞。这里，我想跟大家分享一下我的职业规划。首先明确一下我的职业目标是职业经理人。

“第一步是我的自我分析：我是一个独立、坚强、有责任心的女生，与人打交道的过程中，我热情、大方，所以大家都比较喜欢我。当然，我的性格里也有一些劣势的特征，比如缺乏主见、做事不够果断、冲动等。另外，在能力的自我评估方面，我是个有较强的观察分析能力、逻辑思维能力、组织协调能力、交际沟通能力、创新冒险能力的人。这些都是成为一名管理人才必备的能力。

“第二步是我对职业经理人的一些见解。我认为，成为一名合格的职业经理人要具备四能、三素、双赢、一心这四点。四能就是决策能力、执行能力、组织能力、协调能力。三素就是道德素质、文化素质、个性化因素。双赢强调的是在处理公务、商务、事务中应结盟取胜。一心就是一心放在工作上，对事业精益求精。

“当然，这只是规划，实现目标还需要有行动，这就是执行能力。关于我的执行能力，我给自己定的目标是，我在大学期间通过英语四六级考试，学好专业知识，考取人力资源管理师证书。毕业后五年争取进入一家大型外资企业，我想我在这里有充分的发展空间，我会以自己的能力成为部门主管或经理。之后我会不断学习充实自己，从中层到高层管理职位晋升，最终成为一名职业经理人，实现自己成为高级管理人才的梦想。

“‘凡事预则立，不预则废’。我想对于自己的人生规划也是这个道理，因为人生就是一部作品，谁有生活的理想和实现的计划，谁就有好的情节和结尾。不管我的职业规划实现的过程是何等艰辛，我坚信通过我的拼搏，我会有个成功的职业人生。”

当她讲完之后，学校礼堂响起了热烈的掌声。

这篇职业规划演讲中，这名学生从自我剖析、职业理解和行动力方面做了全方位的分析，有理有据，结构分明，让人一目了然。

说话一定要目的明确，你说话需要达到一个什么样的目的，你才会为了达到预想的目的而调整自己的说话内容。如果首先你就没弄清楚哪些是重点哪些是次要的，只是在那里东扯西扯，那就会让你的表达不明确、不清晰，而下面的听众对你的说话也是听不出个所以然了。

所以，要想做到谈话时有条理、言之有序，那就应该注意以下几个问题：

1. 要有敏锐的观察力和思考能力

首先，只有深刻地认识事物，谈话时才能做到一针见血，并准确无误地道出事物的本质。其次，思维一定要严密而有逻辑，懂得怎样分析、判断和推理，如此才能把话说得有理可循、有条不紊；最后，还要具备流畅的表达能力，知识渊博、谈资范围广，才能把话说得生动有趣。

2. 谈话要结合语境

谈话，一定要切合语境，就是指你要根据你说话的客观现场环境，包括时间、地点、目的及说话的内容等来开始发表你的看法，这样才能更准确地表达自己的想法。有的人不管语境，而是自顾着自己说，结果他在台上面说了大半天，台下面的听众还是不知道他所表达的意思到底是什么。

因此，说话的内容一定要与你讲话的时间、地点和场合相对应，否则就有可能让下面的人摸不着头脑。

3. 突出重心

说话时，就应该明确自己说话的目的。坚持话由旨遣的原则，明确你说话的目的，是说话取得成功的先决条件。只有明确了目的，才知道应准备什么话题和资料，采取哪种语体风格，运用哪些技巧，从而能够有的放矢，临场应变。如果目的不明，不顾场合地信口开河、东拉西扯，对方就会不知所云，无所适从。

总之，交谈中说话毫无逻辑、前后矛盾、语无伦次、词不达意是无法将交谈继续进行下去的，与之相对的，就是有条理地说话，这要求我们做到根据交谈的中心内容所涉及的话题程序安排好先后顺序。

谈话要有重点，切忌泛泛而谈

现代社会，人们的时间观念都很强，没有人愿意花费太多的时间来听你的长篇大论。所以，我们在说话的时候，切忌绕圈子，而是把话说到点子上。有话则说，长话短说，无话不说，这样才能更准确传达你的思想。

一次，美国参议院调查员被人弄得坐立不安、尴尬无比。他虽然是政府的高级官员，但却说话含糊不清、不停地说，说话没有重点、表达不清晰，在场的委员会成员们都搞不清楚他到底想说什么。

最后，一位来自北卡罗莱纳州的参议员小撒姆尔·詹姆士·厄文终于找到了一点说话的机会，就在短短的几句话中，就言简意赅地将观点表达清楚了。

这位参议员说这位演说的官员让厄文想起了他遇到过的一个男人，这个男人曾告诉律师想要和妻子离婚，但也同时承认妻子很漂亮、厨艺佳且在子女的教育上很有想法。

“那你为何还要离婚？”律师不解地问男人。

“因为她一直在说，说个不停。”男人答。

“那她都说些什么呢？”律师问。

“问题就是在这里，她一直说，但从来没说清楚过。”男人说。

任何人，要想自己的谈话获得较好的效果，就必须讲究语言的简洁、精练，这样才能使他人在较短的时间里获取更多有用的信息。反之，如果你只是空话连篇，言之无物，那么无疑是浪费时间。在很多时候，有些人哪怕只讲了一句话，也能获得满堂的掌声，而有的人讲了整整一个小时，却获得稀稀拉拉的掌声，这就是语言是否简洁的区别。

周先生是广州某地区有名的房地产大亨，资产逾十亿。有一年他带着自己的团队从广州飞往某大城市，准备投资当地的房地产，到处寻找合作伙伴。

在经过一段时间的筛选后，周先生约了一大型房地产的负责人进行谈判。当双方坐在了谈判桌前，那位负责人立即通过对自己公司较为详细的介绍，展现出了自己的精明能干。并且这位负责人十分通晓市场行情，这令周先生颇为欣赏。听了那位负责人对合资企业的宏伟计划后，周先生似乎已经看到了合资企业的光辉前景。周先生正准备签约的时候，那位负责人似乎还言犹未尽，他又颇为自豪地侃侃而谈：“我们房地产公司拥有一千多名职工，去年共创利税五百多万元，实力绝对算是雄厚的……”

听到这里，周先生显得有点不悦，心想：你公司一千多人才赚了几百万，就显得那么自豪和满意。这令周先生感到非常失望，离自己预定的利润目标差距太大了。如果选择这样的负责人经营公司的话，就很难有较高的经济效益和利润。于是，周先生当即决定终止合作谈判。

其实，如果那位负责人不说最后那句沾沾自喜的话，这次谈判也许就会以另一种结局告终。那位负责人最后几句不着边际、画蛇添足的话，不仅会让自身的缺点暴露无遗，而且令周先生失去了合作的信心，最终撤回投资意向，因为多余的几句话就失掉了一次大好的合作机会，实在是得不偿失。

那么，我们该如何做到谈话有重点呢?

1. 快速入题

我们欲使听者进入状态，接受自己的言论，就必须重视入题的速度和方式两方面的安排。既要“开门见山，一针见血”，这就是“快”；又要有逻辑上的悬念、起伏和跌宕。

这里，强调入题要快，并不是说所有入题都以“开门见山”这样“直”的方式为佳。其实，有时候入题更需要讲求一定的曲折和委婉，尤其要讲求一点逻辑悬念，方才有利于入题的引人入胜。因此，有时候，你不妨在言辞上多下点功夫，以悬念抓住听众心理，引起他们的注意和重视。

2. 要有鲜明的观点

我们在选用开门见山这一开场方式时，就要观点鲜明。观点不鲜明，就缺乏说服力，让人难以接纳。

3. 把话说到点子上

相传，墨子的学生曾经问墨子：“话是说得多好，还是说得少好?”墨子说：“你看田里的青蛙，整天叫个不停，却没有人理会它，而公鸡每天只在天快要亮的时候，才叫一两下，人们都很关注它。可见，话不在说得多而在说得有用。”

总之，谈话中，我们陈述观点传递信息的时候，要让所说的话有力度，能够让人听得进去，才是好的说话方式。我们讲话一定要做到一针见血、言简意赅，这样才能让他人明白你到底说的是什么。

高难度的谈话技巧需要建立在充实的知识储备的基础上

一个人谈话能力的高低，不仅取决于其口才能力，还取决于其知识储备的大小，掌握高难度谈话技巧的人，往往说话既深刻又有力度，这样才能尽可能地给听众提供更多的有价值的信息，让人感觉到“听有所获”，而不是觉得“白听了”。一个人的说话方式直接体现了其认知水平和知识含量，如果说话没有深度，没有知识，那听众是不可能肯定你的说话水平的。说话内容要有知识性，充实具体、言之有物。

因此，要想做一个能说会道的人，就一定要注重自己的知识储备，只有自己拥有较好的知识储备，才能够自由随意地讲故事、说民谚，在任何时候都能够把知识信手拈来。

战国时的张仪为推行“连横”立下了汗马功劳，他被誉为有“三寸不烂之舌”。他之所以能所向披靡，一个重要因素是他在说话的时候，能够把自己的知识融入其中，言之有物，讲话内容充实具体。他充分了解各国的形势和军事力量，了解各国国君和将士的心理，从而对自己的游说目标非常明确，使被劝说者心悦诚服。

张仪正是因为自己掌握了各国国君和将士们的心理，再加上自己聪明的学识，使自己的谈话言之有物，说话内容也充实具体，所以才能够成功说服各国推行“连横”，自己也为推行“连横”立下了汗马功劳。

管理者要想成为一个会说话的人，不仅要有敏锐的观察能力和思考能力、掌握一定的说话技巧，还要全面提升自身的文化修养。只有有了底蕴，才能够说出一些典雅的话语来。正所谓“内有底蕴才能话语生香”。

当然，俗语说：“冰冻三尺，非一日之寒”。想要一开口就能言之有物，一方面要掌握一定的口才技巧，另一方面要注重平日里的锻炼和学习，在平日里多积累词句，充实自己的内在。

培根说：“读书足以怡情，足以傅彩，足以长才”。人们也常说：“读书破万卷，下笔如有神。”说话也是如此，读书多的人，往往能出口成章，说得精彩；读书少的人，或者口齿木讷，或者不着边际，很多时候都是在重复堆砌一些辞藻。说话者想要避免套话、虚话、空话连篇等“话”风不正的问题，就必须多读书，注意吸取古今中外思想文化的营养，开阔视野，拓宽知识面。

任何人，若希望博闻多识，以培养自己的谈话能力，可以从以下三种途径获得：

1. 系统学习语言基础知识

这里的语言基础知识，指的是语法、逻辑和修辞方面的知识，以提高口语表达的正确性、生动性和严谨性。

2. 系统地学习和掌握副语言特征及体态语言等方面的知识，以便更好地展现表达者自己的精神风貌、情绪感受和个性特征

副语言特征主要包括音质、音强、音色、语气、语调、语速、节奏等，体态语言主要包括表情、神态、动作、身姿、手

势等。

3. 坚持积累和吸收优秀的语言养料，做好词句的积累

古往今来的实践证明，不断地在生活中为自己补充新鲜的语言信息，是提高语言素养永不枯竭的源泉。

而要丰富语言知识养料，方法众多，日常生活中，我们可以借鉴经典名家的演讲、大量阅读中外名著、与时俱进在现实生活中学习那些有生命力的活语言等。

总之，口语表达成功的关键是运用语言的能力，具有较高的语言素养，才有可能表现出较强的运用语言的能力。

转换思维，从对方能接受的角度谈起

生活中，我们与人谈话、希望对方接受我们的观点的时候，是否都已经习惯了从自身的角度考虑问题呢？是否都已经习惯了只顾把自己的观点传达给对方？这无可厚非，但当你慷慨陈词的时候，你是否注意到对方情绪的变化呢？当你针锋相对反驳对方的时候，你是否发现对方的脸色由晴转阴了呢？当你一句扫兴的话给对方泼了冷水的时候，你是否发现对方已经兴致全无并有意终止交谈了呢？

有个著名的心理策略——换位思考，换位思考就是完全转换到对方的角度思考，从而更理解人、宽容人，就是要求我们在观察处理问题，做思想工作的过程中，把自己摆放在对方的角度，对事物进行再认识、再把握，以便得到更准确的判断，

说出的话也才能真正说到别人的心窝里。

公元前265年，赵惠文王驾崩，其子孝成王登基，由孝成王的母亲赵太后掌实权。秦趁赵国新君刚立、社稷根基不稳，遂攻赵，连拔三城，赵形势告急。此时只有联齐抗秦，才是上策。

赵国无奈向齐国求救。齐国说："相救可以，但必须要用长安君作为人质，才出兵。"长安君是赵太后最心爱的小儿子，赵太后自然不同意，大臣极力劝谏。太后明确告诉左右："有再说让长安君做人质的，我一定朝他的脸吐唾沫。"

左师触龙说希望拜见太后。太后怒容满面地等待他。

这天，左师触龙来到赵太后殿中，走上前，说："我一直担心太后的凤体欠安，所以今日特来看望。"

触龙向赵太后请求道："我的小儿子是最不成才的，可最得我的疼爱。我恳求太后让他当一名卫士。"

赵太后说："真想不到你们男人也疼爱小儿子呀！"

触龙说："恐怕比女人还厉害呢！"太后不服气地说："还是女人更爱小儿子。"触龙见时机已到，说："老臣认为您爱小儿子爱得不够。"他说："想当初，您送女儿远嫁燕国时，希望她的子孙相继在燕国为王。这才是真正的爱。"

太后信服地点了点头，触龙便接着说："您如今虽然赐给长安君许多土地、珠宝，但如果不让他有功于赵国，长安君能自立吗？"触龙这番话说得赵太后心服口服。她立即命人为长安君准备车马、礼物，送长安君前去齐国当人质。

触龙一开始并没有直接说要劝谏，而是在聊天之中，动之以情，说出了老太后的担忧，尽管是在批评老太后，但是却是在为她设身处地地考虑。最终，赢得了老太后的欣赏。

事实上，那些明事理、重情义的人，他们在说服他人的时候，总是能设身处地充分考虑对方的切身利害、实际困难。因为，在此基础上进行说服，才称得上是真正的通情达理，也更令人心悦诚服。而如果丝毫不考虑对方的情感和需要，双方交谈就没有共同的语言，说服就无从谈起了。

"己所不欲，勿施于人"，其中的意思也就是推己及人，设身处地为别人着想，就是从别人的角度去想问题。从这个角度出发，我们就能知道如何说话、如何把握说话的度了，对此，我们需要记住以下几条原则：

1. 切莫让对方先入为主

如果在开始说话前，对方就已经对你树立起了警戒或者对立的态度，那么，成功沟通的难度自然就会加大，所以我们应当一面巧妙地疏导和松懈对方的戒心，一面小心地辅以适当的劝服，这样对方就比较容易接受。

2. 说话要有耐心

说话时保持耐心，不仅有助于对方理解你话里的含义，更能让我们在说话时理清思绪。其实，我们也不难发现，不少人正是因为说话没头绪而让自己陷入糟糕的谈话中。

3. 本着为对方考虑的本意

一些人在说服他人的时候目的性太明显，这无疑会加重对方的种种疑虑，所以，我们要更多地站在对方的立场上考虑问题，要让对方明白你是在诚心诚意地替他着想。

4. 说话顾及对方的面子

与人相处，需要相互尊重。在说话时要注意顾全他人的面子，关注照顾对方感受，考虑方式方法，做到将心比心，设身处地，而千万不要只图自己一时的痛快。

总之，如果与人谈话时我们多从对方的角度出发，多一点将心比心的理解，多说一点善解人意的话，那么，语言表达就容易引起对方的共鸣，一种独特的亲和力也就寄寓其中了，而接下来，达成谈话目的也就容易得多。

第03章

见什么人说什么话，了解谈话对象的特性再开口

俗话说："求神要看佛，说话要看人。"人上一百，形形色色，每个人都有自己的性情，每个人都有不同的心理。这时候，我们的语言表达方式也需要因人而异，需要迎合对方的性情、心理特点，才有可能影响对方。否则，一味地强势或一味地退却，只会使我们在谈话中处于越来越被动的位置。所以，我们在与人谈话前，需要"看菜下碟"，见什么人说什么话、选好话题，才能使自己在交谈中如鱼得水、应对自如。

"看菜下碟"，谈话才能如鱼得水

生活中，我们发现，有这样一些人，拥有滔滔不绝的口才，总能很愉快地成就很多事情，使周遭人不知不觉折服于其能力之下。因为他们懂得"到什么山唱什么歌，见什么人说什么话"——他们能根据不同的人的特性，找到不同的沟通技巧和方式，将想要表达的内容动之以情、晓之以理地表述出来，使人如沐春风。

两千多年前，孔子的学生仲由问："听到后，就可以去做吗？"

孔子回答："不能。"

这时，另一个学生冉求也问了同样的问题："听到后，就可以去做吗？"

孔子回答说："当然，你去做吧！"

公西华听后，对于老师的回答很疑惑，于是便问孔子："这两个人问题相同，而你给出的答案却完全相反，这是为什么？"

孔子回答："求也退，故进之；由也兼人，故退之。"

孔子的意思就是，冉求平时做事喜欢退缩，所以孔子要给他壮壮胆；仲由好胜，胆大勇为，所以孔子要劝阻他，做事要三思而后行。孔子诲人也不是千篇一律的，更何况是说话呢？我们在面对不同的说话对象时，需要看准人下“话药”，时而强势，时而退避三舍，这样才能有效地影响他人心理。

在人际交往的过程中，要想达到事半功倍的效果，我们就要学会针对不同性格的人说不同的话。例如，对于性格外向的人，你只需要做好倾听的工作，对方就能保证不冷场，一直喋喋不休地说下去；对于性格内向的人，要想从他口中得到更多的信息，你就要循循善诱，以温和的方式引导他有兴趣说下去；和执拗的人说话，千万不要与其针锋相对，而应该以委婉的方式努力说服他；和自以为是的人说话，虽然要给予他足够的尊重和认可，但是千万不要一味忍让，适度地反驳也是有必要的……人的性格有多少种微妙的分类，我们的表达就应该进行多少种不同力度的调整，有的时候，是要彻底改变说话方式，才能适用。

晓娟是个性格文静的女孩，毕业以后，她的目标就是找一份关于文字的工作。为此，晓娟拿着精心准备的简历在诸多的企事业单位中不停地筛选，直到看到一家大型国企要招聘行政人员，她才满心欢喜地把自己的简历递了上去。

负责招聘的是行政部的主管，看起来文质彬彬的，是个文化人。晓娟小心翼翼地问：“您好，张主管。咱们企业是要招聘文职人员吗？”

张主管盯着简历快速浏览，头也不抬地点点头。

晓娟接着问：“听说，咱们企业的待遇挺好的？”

张主管有些疑惑地抬头看着晓娟，不知道她到底想说什么。晓娟满脸通红，有些害羞，过了很久才继续问："对于现在招聘的职位，您觉得文笔好的话，会有帮助吗？"

张主管很不耐烦地抬头看着晓娟，一字一句地说："你的各方面条件都不错，等通知吧。"晓娟赶紧告辞了。

等到晓娟走了，张主管对身边的助理说："这个小姑娘各个方面条件都很好，符合咱们的招聘要求，但是太拐弯抹角了。我最怕这样的人，可不敢把她安排到咱们的部门里啊！"

助理笑着说："那是，张主管，您可是向来都雷厉风行，敢想敢干的。这样吞吞吐吐的人，只怕咱们整个部门的人在适应了您的工作作风后，都接受不了。"

对于一个性格直爽的招聘主管，晓娟因为过于害羞和胆怯，失去了工作的机会。如果她能够察言观色，看出张主管的不耐烦，改变表达的方式，也许结果就会完全不同。不管是在生活中还是在工作中，要想把话说到他人的心里，我们首先应该了解他人的脾气秉性，从而调整自己说话的方式，做到投其所好，才能使谈话的效率成倍增长。

战国时期著名的纵横家鬼谷子曾经说："与智者言，依于博；与拙者言，依于辩；与辩者言，依于要；与贵者言，依于势；与富者言，依于高；与贫者言， 依于利；与贱者言，依于谦；与勇者言，依于敢；与过者言，依于锐。""说人主者，必与之言奇；说人臣者，必与之言私。"一个人要善于说话才会受欢迎，而且要能够根据不同的人说不同的话，使自己的话语有"弹性"，那么，你的人际交往也会相应地收放自如。

1. “见什么人说什么话”

在我们开口说话之前，需要仔细观察了解对方这个人，或是了解性格特征，或者了解他的喜好。在交谈进行的过程中，势必要做到“对什么人说什么话”，比如，对上司不能强势，只能退避三舍；自己的利益受侵犯，必须强势，维护自己的利益。

2. “对方想听什么，你就说什么”

当我们置身于一个谈话环境，你就必须清楚与对方的关系，了解对方的喜好禁忌，了解对方喜欢听什么、讨厌听什么。这时候，洞悉其心理，对方想听什么，你就说什么，那些讨嫌的话绝对不能说。

3. “肚子里有货才能倒得出来”

当然，为了能够应对各种人，我们必须不断地积累知识，拓展自己的知识面，这样才能和什么人都有话说，才能够说出对方喜欢听的话。

需要注意的是，很多人的心口并不一致。就像古代的很多君主即位之后，总是要求大臣们直言进谏。有些大臣采取保守的态度，委婉表达，最终明哲保身；有些大臣，过于实在，果真怀着毫不客气的态度狠狠地批评了皇帝一通，最终不仅丢了乌纱帽，性命也不保了。在人际交往中，要想建立良好的人际关系，就一定要在了解他人的基础上投其所好，说话也是如此。

不同年龄段的人，与之谈话的侧重点不同

不管是在家庭生活中，还是在社会生活中，我们所面对的未必都是同龄人。很多情况下，我们不得不和年纪相差巨大的人打交道、谈话，而谈话结果的好坏还直接关系到我们的命运。这种情况下，要想把话说对、说好，你就必须了解其所在年龄段的心理特点，从而才能把话说到他人的心里去，这样，我们才能达成谈话目的。

一天，一位女士带着自己三四岁大的女儿来到商场，准备为孩子买一双小皮鞋。

进店不久，女士就看中了一双红色的小皮鞋，准备给孩子试穿，但小家伙不知道为什么一直吵着要离开，根本不愿意试穿。

销售员："太太，这双红色小皮鞋非常适合这小姑娘，是今年童鞋中的主打产品呢，很多家长都带孩子来买。"

顾客："你看我们家这孩子，真是不听话，一直非要拽着我走，估计她不喜欢吧。"

这时，销售员走过来对小女孩说："宝贝乖，长得真漂亮，来，阿姨给你一颗糖吃，看镜子里是谁在调皮啊？"听到销售员这么说，小女孩一下子安静下来了，然后她接过导购员的糖吃了起来。

接着，销售员又说："乖宝贝，你穿上这鞋一定很漂亮，我们来试试好不好？"销售员的话奏效了，小女孩一边吃着糖，一边试鞋子，很开心地笑着。

最后，这位女士便买下了那双鞋。

案例中的这位女士是位中年人，从她身上，我们看到了很多中年人的生活场景，他们上有老下有小，有时候即便购买产品，也是为家人，他们最关心的也是家人。案例中，面对顾客的孩子不愿试穿商品，销售员并没有应承顾客的话："是啊，您家孩子太不听话了。"因为任何父母都有同一个心理：希望孩子得到他人的肯定，孩子固然不听话，但只能自己教训，而不能被他人评价。因此这位导购员是这样称呼小女孩的："乖宝贝……"这样赞扬顾客的孩子，无论是顾客还是孩子，都会获得身心的愉悦，而且，孩子高兴了，顾客也就毫不犹豫地选择购买了。

近几年来，张大伯和张大妈一直跟着小青生活。随着小青的工作变动，他们千里迢迢地从东北搬家到北京，可没少折腾。直到小青结婚之后，张大伯和张大妈的生活才算稳定下来，给小青带孩子，享受天伦之乐。

一个周末，全家人吃完午饭之后坐在一起闲谈，喝下午茶。说着说着，说起了叶落归根的事。张大妈感慨地说："孩子在哪里，哪里就是家。这些年我和你爸爸跟着你东奔西跑，现在你结婚了，也有了属于自己的小家庭，咱们这个大家才算安定下来。"小青突然间问："爸爸妈妈，如果有一天你们老了，是想继续留在北京，还是回到老家叶落归根？"张大伯毫不犹豫地说："当然是在你们身边啦！"

这时，小青的老公不合时宜地说："北京的墓地很贵的。"这句话使全家人陷入沉默，大家都不知道继续说些什么。小青狠狠地瞪着老公，说："什么墓地不墓地的，胡说八道什么？况且，爸妈为咱们辛苦一辈子，还不值一块墓地的钱吗？"张大伯和张大妈的眼眶红了，下午茶不欢而散，大家的心情都很沉重。

原本是很快乐的周末午后，因为一个不合时宜的话题，导致谈话陷入僵局。对于小青而言，父母帮衬她很多年，如今父母年纪大了，还在任劳任怨地帮他们带孩子，欠父母的恩情是无论如何也还不完的。原本小青问父母老了之后想在哪里生活，只是想要给父母更好的归宿，也是担心父母不好直接开口说回家的事，结果丈夫一句墓地很贵让整件事情都变了味，要知道，对于很多上了年纪的老人来说，最忌讳的就是谈及生死。

每个年龄段的人都有自己的喜好和忌讳，我们唯有更好地了解他人的内心，才能避免说出让他们感到晦气或者沮丧的话。在与他们交流的时候，也才能更加体贴入微地照顾他们的心情，使他们在交谈的过程中变得平静愉快。

古人云，知己知彼，百战不殆。在生活的很多情境下，这句话都是至理名言，我们应该牢记在心里。不同年龄的人，我们在与之交谈时，要了解不同的侧重点：

对于年幼的孩子，我们可以谈论玩具、他们喜欢的动画片，还要注意在交谈中多给予鼓励，给予他们更多的信心；对于青少年，此时的他们多半比较叛逆，哄小孩子的那一套在他们身上已经不管用了，在这种情况下，我们交谈时就要多给他们尊重和理解；对于同龄的中年人，他们多半害怕面对容颜消逝，因而要说些赞美他们年轻的话，投其所好；对于已经到了人生暮年的老年人，千万不要动不动就说夕阳红，或者人之将死之类的话，要知道人是越老越怕死的，我们应该避开衰老和死亡，带给他们更多的活力、朝气和快乐……

总而言之，对于不同年龄段的不同性别的人，我们在交谈的过程中应该有所侧重，才能博得他们的好感，使交谈更加顺利。

因人制宜，根据不同顾客的心理弱势进行交谈

作为销售员，我们每天都要接待不同的顾客。不同的顾客，有不同的性格、不同的年龄、不同的爱好等，所能接受的交流方式也是不同的，人们常说："到什么山上唱什么歌"，与顾客交流也是如此。凡事预则立，不预则废，演绎过来就是不打无准备之仗。我们若想成功推销出去产品，就一定要做好战前准备，也就是要对不同的客户进行心理分析，也有利于我们更好地掌握客户的心理弱点，方便我们做出进一步的销售计划，而不至于眉毛胡子一把抓。

小王是一家商场某女鞋专柜的销售人员，一天，有位年轻时尚的小姐一边打电话一边走过来，小王细心听了下："怎么可能，以我赵倩在公司的地位，就这点小事我办不到？你就等着看吧。"根据小王多年的看人经验，她判断出这位女顾客应该是个冲动好胜型的人。

过了一会儿，这位女顾客结束了电话，把手机放到包里，目光停在了货柜上的一款新式皮鞋。但她只是站在柜台前反反复复地看，问一些无关紧要的问题。很明显，她很喜欢这款新式皮鞋，但又因为价格太贵而犹豫不决。

小王当然捕捉到了她的这种心理，于是上前问道：“如果这双鞋的价格不能令您满意的话，您是否愿意再看看别的？”

没想到，听了售货员的话后，这位女顾客却表情坚定地买下了这双皮鞋。

案例中的女售货员小王是个深谙交谈技巧的销售人员，她的问话看似很简单，但其中却藏有很深的奥妙，从女顾客的电话中，她判断出女顾客应该是个好胜冲动的人，所以，当她发现女顾客因为价格的问题而犹豫时，便采用了激将这一技巧，激发了这位女顾客的好胜心，继而成功地销售出了这双皮鞋。

一般来说，根据客户的性格类型，我们可以将其分为以下几种，并给出了具体的应对策略：

1. 沉默型顾客——始终保持热情、诚恳的态度

销售员的热情，就像一团火，无论内心多么冷淡的顾客，在销售员的热情面前，都会被感染。销售行业，热情就是销售员获得成功的法宝。

因此，在与这类不言不语的客户交谈时，销售员要始终保持语言、神情和目光的真诚，并始终保持微笑。当你从始至终地与其热情、真诚地交谈后，你就一定能在客户的心里留下好的印象，不论谈话是否取得实质性的改变，对你以后的销售工作都会有所帮助。

用情感打动客户，还需要我们用具体行动来证明，比如，在客户最无助的时候及时出现、帮客户解决某些生活中的难题、为客户做些举手之劳的小事等，让客户真正感受到我们送去的温暖，客户自然愿意对我们打开心扉！

2. 销售型顾客——让顾客担任沟通的主角

销售中，有这样一类顾客，表面上看，他们似乎懂得很多，销售员无论说什么，他们都表现出更专业的样子，一般来说，遇到“销售型”客户，常有一些销售员会感到力不从心，无论是维护谈话气氛还是买卖双方的关系，都需要销售员付出更多的努力。有些时候，销售员还会发现，虽然在这样的顾客身上耽误了很多时间，但是销售最终毫无成果，甚至其滔滔不绝的语言还可能无形中破坏了自己的其他生意。然而尽管如此，如果我们能做到耐下心来，逐步引导，这类客户也并不是不容易对付。实际上，我们在与“销售型”客户的对话中，销售员需要及时提取对方的谈话信息，并找出其中对自己销售有价值的部分，做到善于倾听，善于思考、并适时找到销售机会，进行推销。

3. 冲动好胜型客户——激将法助你降服

销售过程中，我们经常遇到这类客户，他们性格外向、好胜冲动，但在最终购买时却总是拿不定主意，他们总是看周围的人采取什么措施，但这类客户经常会因为销售人员的一个激将的方式而最终拿定主意购买。其实，这类客户只要销售员稍微采取一点小的“手段”，就很好搞定。不过，使用激将法刺激这类客户的好胜心，其实是存在风险的，因为一不小心，就可能踩到客户的雷区，让客户的自尊心受到伤害。因此，销售员使用这种方法，一定要把握好分寸，别弄得适得其反。

4. 专制挑剌的客户——要顺从忍耐

在进行推销的过程中，可能销售人员会遇到这样的客户：无论我们怎么推介产品，客户总是能挑出产品的毛病，无论我们的服务态度有多好，客户也总是能找出我们的不足，即便是已经完成购买，他们也会对售后挑三拣四。对于这类爱挑刺的顾客，有时候销售员的确很无奈，因为很多时候并不是销售员的错，但无论如何，销售员要明白，你的任务是卖出产品，谁对谁错并无真正的意义，达到你的销售目的，你才是真正的赢家。如果你为了逞一时之气，与客户争出个胜负，而却让怒气之下的客户掉头就走，损失了生意，实在得不偿失。因此，面对这类挑刺的客户，其实最好的技巧就是忍耐、顺从，让客户看到你的真诚和专业素养，也就不会再挑剔了。

5. 爱面子的顾客——多说甜言蜜语

西方有句格言："请用花一样的语言说话。"面对这类爱面子的顾客，如果我们以说教的方式劝客户购买，恐怕是不起作用的，如果你想获得成功，就不妨多说些甜言蜜语，使你的语言像花一样绽放，让客户心情愉悦起来，与你进行一个很好的交流，为销售成功奠定一个好的基础。

当然，一切与客户谈话的技巧的准确实施都有一个前提，那就是一定要善于察言观色，基本摸清顾客的特性，进而揣摩他们的心理弱点、特点和利益需求，才能在说话时很好地对症下药，准确地找出应对策略。

了解听众特点，演讲要因地制宜、因人而异

演讲，是谈话的一种，它的目的是向听众传达思想、观点，进而鼓励听众发起行动。在演讲中，我们深知选择一个好的话题的重要性，一个好的话题是让听众感兴趣、继续听下去的前提。这就如同人际交谈中，好的话题是深入与人谈话的基础，也是敞开心扉纵情交谈的开端。但是在具体的讲话的过程中，我们还应注意到两点：一个是看清讲话的场合，不能胡乱讲话；第二就是听众，我们要看清我们的讲话对象。综合以上两点，我们才能明白什么样的话题才能让听众喜欢，才会合时宜。一个话题，只有让对方感兴趣，谈话才能有维持继续下去的可能。

事实上，任何一场、演讲，都包括两个信息——演讲者所传达的信息和听众接受的信息。在我们讲话的时候，即使听众在认真听，也并不代表他们接受了所有信息，这是为什么呢？因为人都是以自我为中心的，都会把注意力放到自己关心的话题和一些有意义的信息上。

因地制宜、因人而异地讲话是做好演讲的前提，现代社会的演讲要求演讲者不能再以自我为中心。无论是收集材料、撰写演讲稿还是预讲，演讲者都要考虑大多数人的需求，考虑他们的兴趣，满足他们深层次的心理动机，还要看清场合，否则，你的演讲就变成了自说自话，最终变成一个人的舞台和独角戏，而不会引起台下观众的共鸣。

《庄子·秋水》中讲了这么一个故事：

一日，庄子和惠施于濠水的一座桥上散步，看到水中自由自在游着的鱼儿，庄子说：“鱼儿在水里自由地游来游去，它们真快乐呀。”

惠施反驳说：“你又不是鱼，怎么能够知道鱼儿的快乐呀？”

庄子说：“你又不是我，你怎么知道我不知道鱼儿的快乐呢？”

惠施哑口无言。

庄子是十分机智的，他的话不多，却抓住了对方言语之中的漏洞，用短短的一句话就让惠施哑口无言了。同时也给自以为很聪明的惠施一记当头棒喝。

可见，演讲中，我们一定要考虑听众的需求，就比如说，如果你自己是听众，你在听别人演讲的时候会做些什么呢？有时会认真听，有时会开小差。有时，我们会被迫去参加演讲会，因此没有人能认真听演讲，除非听演讲的人自己愿意听。

所以，演讲一定不能盲目开口，而要因地制宜、因人而异，具体来说，我们要从以下两个大方面进行操作：

1. 因人而异，做好听众需求分析

从这个故事中，我们可以读懂一个道理，每个人性格、身份、年龄不同，在看待问题上的着眼点也不尽相同，这就要求在说话的过程中注意对方感兴趣的所在，抛开一些没有实际作用的大道理，用对方感兴趣的话去调动他的激情，这样就会起到事半功倍的效果。

因此，要想掌握好的讲话技巧，就必须要做好听众的需求分析。这里，我们需要考虑的几点是：

（1）听众的爱好。

作为讲话者，假如你喜欢军事，而听众群体是摄影爱好人士，你和听众大谈军事，听众却对军事一窍不通，就等于是对牛弹琴。你津津有味地说了半天，结果发现听众根本听不懂，你的心情不会好，同样听众的心情也不会好。这就注定了你的演讲是失败的。

（2）听众的职业。

假如你今天要做的是一场针对销售员的演讲，听众的需求是学习销售技巧，听众的利益是希望通过聆听你所传达的实用技巧来将其运用到具体的销售过程中，最终达到增加销售业绩的目的。而同时，他们也希望获得老板和同事的认同，如果你能考虑这点，那你的演讲毫无疑问是最成功的演讲。

（3）听众的年龄。

在设计讲话内容的时候，你就要将听众的年龄考虑在内，一般而言，那些年纪稍大的人可能更爱面子，他们会因为害怕答错而不愿意与你配合，在演讲这样的场合一般也选择沉默。

（4）听众的文化程度。

在你的听众群体中，如果同时存在初中生和本科生，那么，你要明白，他们希望从你的演讲中获得的信息是不同的，在设计演讲稿的时候，你就要将大多数人考虑在内，甚至可以在演讲前把这个观点讲给听众，以免引起误解。

（5）听众的意愿。

演讲者要明白台下听众的意愿很重要，有些听众是自愿来听演讲的，而有些听众是被迫、被强制来听，有些听众是抱着试试听的态度，有些听众是很想从演讲中学到知识的，还有些听众是未听过演讲来凑热闹的……面对这些不同态度的听众，我们需要做好应对的准备和预案。

可见，我们需要掌握听众已经知道、相信和关心的东西。人们只能够以自己的经验来理解事物，同时也说明不管是演讲还是和别人沟通，必须深入了解他们的需求，这样才会掌握好的演讲技巧，取得好的演讲效果。

2. 关注场合本身

你可以说说这次会议的主题，表彰大会、年会、政治或爱国集会、周年纪念会议等。

另外，我们还要记住，我们要考虑到现场的气氛，比如，在一些喜庆的场合最好别说丧气话，而在大家沉浸在悲伤的气氛中时，不可戏谑调侃等。

总之，任何一场成功的讲话，都是真正的当场演讲，这些讲话表达的，也都是我们对听众和当时场合的感受，一切都是符合时宜的，是为当时场合量身定制的。这些讲话之所以成功，就是因为它在特殊的时刻绽放，一切好像昙花一样绽放，但它留给听众的，却又不是昙花那样的感受，在他们的脑海里，你的观点已经被刻下了，你也成为该方面的演说专家了。

察言观色，谈话前最好先了解对方想听什么

现实生活中，相信不少人都陷入过和交谈对象“话不投机半句多”的境地，然而，对于那些细腻认真、观察力强的人来说，他们懂得察言观色、投其所好，总是能让听者喜逐颜开，后者显然更了解沟通的要义。不得不说，说话之难，难就难在对象可以犹如变色龙般捉摸不定，你若一言面对所有人，那就算你“不会说话”了。

事实上，在人与人沟通中，说话投其所好是一种高超的谈话技巧。要想和他人顺利交往，首先你就要学会针对对方感兴趣的地方谈话，用动听的语言打开对方的心房。一般而言，当人们的意见、观点一致时，彼此就会相互肯定、信任，反之，就会彼此否定，产生防备心理。所以，那些高手在与他人谈话之前总是先细细观察、揣摩对方的喜好，然后尽量迎合他，满足他的欲望。

事实也证明了这一点，谈话中，没有人会对自己不感兴趣的话题投入过多的热情，而如果遇到自己感兴趣的话题，他们常常会情绪激昂地参与进来。因此，在与人沟通中，你也可以抓住对方的这种心理，深刻了解对方，并与对方和谐相处，从而实现进一步的交流。

因此，生活中的人们，要想在谈话中得到对方的认同，并取得良好的沟通效果，就要先彻底地了解对方的所“好”，知己知彼，真正做到迎合对方，投其所好。

作为一名销售人员，李娜最近要写一份市场报告，但这篇

报告的资料确实很难寻找到。通过打听，她得知，有一家工业公司的董事长拥有她需要的资料。于是，李娜便前去拜访。秘书告诉李娜，这些机密的资料，董事长是不会交给你这个陌生的推销人员的。随后，李娜听到秘书对董事长说："今天没有什么邮票。"打听后，李娜得知，原来董事长在为儿子收集邮票。

李娜走进董事长办公室之后，刚开始并没有提及资料的事儿，而是先从儿子谈起。

"您办公桌上照片上的人是您的儿子吧，我也有个这么大的孩子，很调皮，不过有个很安静的爱好，他喜欢收集邮票。"

听到这话，董事长两眼放光："是吗？现在的孩子真是不好伺候，除了要给他充足的物质生活，还要时刻关注他思想动态，稍不留神，他就会闯祸，甚至在学校不听课、打架，尤其是男孩子，越来越不好管教了。"

"是啊，我昨天还被老师叫到学校了。"仔细听完这些后，李娜点头回答道。

"对了，你说你的儿子也喜欢收集邮票，他通常都是自己收集？"

"是的，董事长。"

"那你比我好多了，我每天都要叮嘱秘书为我留意邮票呢！那你什么时候能把你儿子的邮票带给我看看吗？"

"当然可以，我还可以送您一些！"

"真的吗？真是谢谢！乔治他一定喜欢，准把它们当无价之宝。"董事长连连感激道。

接下来的时间里，李娜一直和董事长在谈邮票，临走时，秘书稍微提及了一下资料的事，没想到，还没等李娜开口，董事长便把她需要的资料全部告诉了她。不仅如此，董事长还找人来，把一些事实、数据、报告、信件全部提供给了李娜。

我们可以看出，销售员李娜是个懂得投其所好说话的人，她之所以能拿到自己需要的资料，是因为她从董事长最关心的问题开始谈起——他的儿子喜欢收集邮票。当她激发起董事长的谈话欲之后，她转变谈话方式，把谈话主动权交给对方，自己充当倾听者的角色，在倾听的同时，他对对方的谈话内容，表达了赞同的意见，从而引发了共鸣。

从这个故事中，我们可以看到说对方想听的话的重要性。卡耐基也曾经说过，如果想要和他人顺利沟通，并成功地获得他人的好感和认同，最好的方法就是和对方谈论他感兴趣的话题，事实也是这样。

一句话说得好不好是有技巧的，这并不是要我们巧舌如簧，而是要懂得把话说到对方心坎里去，这就是投其所好，对方高兴了，自然愿意听你的意见。而首先，我们必须要猜透对方心理。

所谓猜透对方心理，无外乎两个原则：

1. 饰其所矜

那些对方认为骄傲的、值得夸赞的地方，你一定要渲染一下，以提高他的听话兴趣。

2. 减其所耻

对对方自认为不足的、过去所做过的亏心事等，你要会为其辩解，从而使其放心。

站在他人的立场上分析问题，能给他人一种为他着想的感觉，这种投其所好的技巧常常具有极强的说服力。要做到这一点，“知己知彼”十分重要。唯先知彼，而后方能从对方立场上考虑问题。

此外，在交谈过程中，你也要学会通过对方的手势、姿势、表情及当时的整个反应，去分析对方的感情变化，体会对方的话语意义。要知道对方说话时的感受要比他的话语本身更重要。

找对话题，谈话才能事半功倍

生活中，我们与人谈话若想获得良好的效果，就必须先接近对方，让对方产生好感，而能用来接近对方的话题可说俯拾皆是，关键在于要善于根据特定的情境去发掘，并恰到好处地运用。的确，一旦话题不对，就难以与对方顺利聊下去，所以，寻找好的话题是顺利谈话的关键所在。

有些人认为，谈话时只有那些不平凡的事才值得谈。因此朋友见面想开口时，往往满脑子都在苦苦思索，企图找到一些怪诞、惊奇的事件或相当刺激的新闻来当话题。但实际上，我们的生活是朴实的，这类话题毕竟是少数。而且，如果我们每天与对方谈新闻，毫无新鲜感可言。

事实上，我们都是普通人，所关心的问题也比较普通，比如，孩子大了，到哪个学校读书比较好；家里的盆栽生了虫子了，该用什么药；养个什么宠物比较好；食物又涨价了，等等。

话题的选择最好能就地取材，依照当时所处的环境选取话题。比如，如果你和对方相遇在朋友家里，不妨与对方聊一聊与主人的关系："听说您和某先生是战友？"这样，无论问得对与不对，都不会引起对方不愉快。

除此之外，你还可以向对方了解一些他熟悉、感兴趣的问题。如果对方是销售员，你可以问他："你销售什么产品？生意好不好做？"因为这是对方熟悉的话题，所以对方很容易就能开口。如此，你们就能按这条路子聊下去了，还可以聊聊产品、行业前景等问题。

有个笑话说某君以伶牙俐齿见长。

有人向他请教有什么诀窍，他说："其实非常简单，就看他是什么人，对什么东西感兴趣，然后你和他谈他感兴趣的东西就可以了。比如，对方是屠夫，你就和他谈猪肉；如果对方是厨师，你就和他谈菜肴。"请教者又问："那如果屠夫和厨师都在场怎么谈？"他说："那我就谈红烧肉。"

当然，这是个笑话，但足以看出合适的话题对交谈的重要性。

总之，只要有了好的话题，就不愁谈不下去了，也就不愁聊天中面临无话可说的尴尬局面了。

那么，在谈话中，我们该如何选择话题呢？

1. 用兴趣打开谈话的突破口

与人谈话的时候，会出现一些头疼的问题，不管我们说什么，对方都表现出一副不在乎的样子。其实，这是因为，你说的话令对方不感兴趣，要想让对方打开话匣子，我们需要从对方的兴趣入手。如果可能的话，你应尽量找出对方最感兴趣的事，然后从这个方面去接近他。倘若没有机会，或这种机会不易得到，也该尽可能选择对方最大的兴趣去聊。我们主要的目的，就是要让对方对你产生兴趣，这样才能让聊天继续下去。

某文艺编辑曾讲过一段故事。

他接到任务，要邀请一位著名作家写稿，但是这位作家在业内是出了名的不好合作，各大出版社编辑对其也是很头疼，因此，这个编辑在和作家见面前也相当紧张。

果然不出所料，编辑在和作家谈话后，怎么谈都谈不拢，无论编辑说什么，作家总是这样回："是吗？""许是吧？""这我还真不清楚"，闹得这位编辑很是头痛，只好打定主意，改天再来，于是闲说起来。

后来，他突然想到了前几天在报纸上看到的这位作家的作品近况，于是，他说："您的大作最近要翻译成英文，在美国出版了？"见对方如此关心自己，作家就很感兴趣地听下去。编辑又说："您的写作风格能否用英文表现出来？"作家说："就是这点令我担心……"

这位编辑在遇到这位"难对付"的作家后，开始转变了聊天的策略，抓住对方的心理。从对方感兴趣的作品入手，从而打开了交谈的突破口，令交谈继续下去。

2. 用热情带动谈话气氛

如果你选择的话题与你长期的经历、追求或者爱好有关，那么你是不难打动对方的。

缺少热情的谈话和聊天无疑是枯燥乏味的，也没有人愿意迎合。就比如你在与朋友聊你开车，因为超速而被警察发现了的事情。实际上，对方希望听到的不是你的轻描淡写，而是希望听到你当时的感受，希望你能说出你看着警察写罚单时的情况。你将当时的情况描述得越详细、越精彩，就越能吸引听众。

所以，在与人聊某些话题时，你的话语中有多少激情，就会激起多少听众的激情。

3. 不要轻易否定别人

如果你在与别人交谈时，出现了与对方相左的观点，特别是你想说服对方接受你的观点时，那么你最好不要一上来就否定对方的观点，说他的观点是错误的、荒谬的，这样你一定不会获得你想要的结果。相反，如果你能机智、委婉地说出你的观点，然后将对方引导到其他话题上来，从而让他们忘记自己原来的观点，这是能将话题继续下去的明智之举。

比如，对方在你的面前指责你一个非常熟悉的朋友："他这个人脾气太坏，那次我们一起去谈某项业务，结果他与对方负责人没说三句话，就在饭店吵了起来。"你可以问他："哦，是吗？在哪家饭店？"对方回答后，你们不妨就哪些菜比较有特色聊一聊，将话题引开。

4. 避开别人的痛处

事实上，每个人都有自己的忌讳，人人也都讨厌别人提及自己的忌讳。我们在与他人交谈时，就要避开这类话题，把握分寸，不要伤害到别人的自尊心。

掌握以上话题技巧，我们就能把话说到对方心里去并产生积极的作用，也就是，对方会产生愉快的情绪，也就愿意与我们亲近了。

第04章

你与他人的交谈，取决于最开始的五分钟

人与人之间的交谈，是否能够愉快地进行下去，大多数时候取决于最初交谈的五分钟。就像是演讲时的开场白无比重要一样，交谈的最初五分钟也是至关重要的。倘若交谈的最初五分钟能够奠定交谈的基调，让整个谈话都轻松愉悦，则往往接下来的交流和沟通也会比较顺畅。相反，如果交谈的最初五分钟进行得艰难曲折，则接下来也很难有所改观。因而，我们必须慎重对待交谈的开场白，只有找准话题，奠定愉快的基调，才能让一切水到渠成。那么，如何让交谈的最初五分钟比较愉悦呢？这就是我们在本章中要分析的内容。

大方出彩的自我介绍，令人印象深刻

在人际交往中，我们想要结识某人或某些人，而又无人引见，此时可以向对方作自我介绍。虽然自我介绍在交流中占据的时间很短，但一个精彩的自我介绍可以迅速给对方留下美好的印象，从而架起和对方交流的桥梁。

然而，如何作自我介绍却成了很多人困扰的问题，我们之所以感到困扰，是因为对方是陌生人，我们不知该从什么话说起，不知该说什么话，不知该说的话会不会让人听了感觉不悦……面对陌生人，事实上最难的就是如何通过自我介绍，给对方留下初次好印象。而如果我们懂得抓住对方的心理，用一番别具特色的语言，定是能打动对方的。

可能也有一些人认为，自我介绍有什么难的，无非就是“您好，我叫××，很高兴认识你。”但实际上，像这样平淡无奇的介绍，下次见面时，对方十有八九会忘记你的名字，甚至忘掉你这个人。精练的自我介绍，要用精彩的语言展现闪光多彩的自己。曾经有个女网红这样介绍自己：“每个人都是为爱而折翼的天使，她们来到人间，就再也回不去天堂了，所以需要男人好好地珍惜。我也是天使，不过降落的时候不小心脸先着地了，回不去天堂是因为体重的原因。还好，我还有一颗天使的心，善良、仁爱。”人们在捧腹大笑中便不知不觉地把她记在了心中。

小宋是一名即将毕业的编辑出版专业的学生，她已经被一家大型的杂志社聘为编辑。

当时面试时，和小宋一起进入面试房间的，还有另外两名女孩。

在其他另外两名女孩介绍完自己后，编辑部的老师示意让小宋开始自己的自我介绍。在小宋一边进行自我介绍的时候，老师们一边翻看着小宋的简历，她介绍完自己后，毛遂自荐道：“老师，我可不可以谈一下自己对编辑工作的理解？”

老师一听，倒想看看这个刚毕业的学生有什么特殊的见解，便点了点头，并问：“你觉得作为一名编辑最重要的是什么？”

“编辑不光是选稿子、改稿子，我觉得更重要的是对文字的一种敏感……”小宋说。面试老师听完后，连连点头。

而与小宋的自我介绍不同的是，另外两名女孩的介绍太过平淡，因此杂志社决定录用小宋。

小宋的自我介绍是与众不同的，她除了作了最简单的自我介绍外，还表明了自己对编辑工作的理解。从而在三个求职者中脱颖而出，让面试官记忆深刻。

那么，在与陌生人初次见面的过程中，我们该怎样大方地介绍自己，才能给对方留下个好印象呢？

1. 自我介绍要摆脱陌生人情结

其实每个人跟陌生人交谈时内心都会不安，自己一定要先放下陌生人情结。面对陌生人不需要特意装模作样，不过也要表现出你的诚意。只有这样，才能显出你的大方和热情，而不至于忸怩作态，才会让对方觉得你是一个有良好的交际品质的人，从而愿意与你进一步交往。

2. 介绍出自己的亮点

亮点就是让别人记住的地方。自我介绍尽管只是简短的一两句话，但吸引别人的也许正是开篇的某个亮点。

3. 注意态度

进行自我介绍，要简洁、清晰、充满自信，态度要自然、亲切、随和，应镇定自信、落落大方、彬彬有礼。既不能唯唯诺诺，又不能虚张声势、轻浮夸张。语气要自然，语速要正常，语音要清晰。

我们在自我介绍的时候，除了突出自己的亮点，自我介绍还是谦虚低调为好，免得让别人留下此人爱吹的第一印象。

单位突然请了一名资深顾问，这名顾问看似成熟，却令单位里的小叶很不满。虽然是第一次见面，但这位顾问却突然问小叶："我叫××，你有男朋友吗？一定没有吧？你看起来好严肃呀！"还一直问小叶："喂，你叫什么来着？"小叶心想，就算比别人资深，也要顾好自己在别人眼里的第一印象吧！不仅对小叶，单位其他同事也对这位成熟男士印象不好。

4. 注意时机

在社交场合或工作联系时，自我介绍应选择适当的时间，当对方无兴趣、无要求、心情不好，或正在休息、用餐、忙于处理事务时，切忌去打扰，以免尴尬。

5. 注意方法

进行自我介绍，应先向对方点头致意，得到回应后再向对方介绍自己。如果有介绍人在场，自我介绍则被视为不礼貌的。

可见，社交场合，记住别人是一门功课，让别人记住则是一门技巧，你值得学习并掌握。

恰当的“称呼”，令对方听着顺耳

中国历来是一个礼仪之邦，这里的一个重要的礼仪就是“称呼”。称呼指的是人们在日常交往应酬之中，所采用的彼此之间的称谓语。人与人之间的交谈通常自称呼而始。当然，如何正确合理地称呼别人也是一个非常有讲究的事情，不恰当的称呼会使对方感到你的不礼貌、不尊重，甚至还会因此而生气，进而使你与对方之间的交流陷入尴尬的境地，你们之间的交谈也会因此而被打断，无法正常进行。

从前，有个年轻人骑马赶路，走到一片荒凉的地方，眼看天色渐晚，他也找不到住的地方，心里着急起来。

不久，一位老汉路过，年轻人扬声喊道：“老头儿，这儿离客店还有多远啊？”

老汉回答：“五里。”

年轻人听完匆匆忙忙继续赶路寻找客店，但走了十几里路也没有看到，他在暗暗骂着那老汉时，却突然醒悟：哪是“五里”呀，分明是“无礼”！老汉在责怪他不讲礼貌！于是马上掉头往回赶，幸好老汉并未走远，于是他赶紧翻身下马，恭敬地叫了声“大爷”，没等他说完，老汉就说：“客店早已过了，你要不嫌弃的话，就到我家住一宿吧。”

青年人问路，直呼“老头儿”，开口不逊，老人很反感，让他白跑了十几里路；而当他省悟有“礼”时，老人不等他再说，就留他住宿，解他一时之困。由此可见交谈中合乎礼仪的称呼的重要性。

称呼在与人交往中具有很重要的作用，在与人交往中应该注意自己对别人的称呼。会说话的人，知道称呼的重要性，知道怎样选择自己对别人的正确称呼。

其实对于别人的称呼不仅在沟通中具有重大的作用，还会成为表情达意的重要手段。即使是在路上遇见朋友，也应该跟对方打招呼，这是对别人的一种尊重，也是一种表达自己礼貌的方式。对待不同的人就应该有不同的称呼，如果称呼错了，不仅会闹出笑话，影响自己与他人之间的交流沟通，甚至还会在此过程中给自己的沟通造成误会，让对方对你产生怨恨情绪。

下面，我们将较为详尽地介绍有关称呼的基本礼仪。

1. 要合乎常规

常规称呼，即人们平时约定俗成的较为规范的称呼。但合乎常规的称呼，也是有一定的条件限制的。比如，在中国，就不可直呼父母或者长辈的名字；而在国外比如欧美的国家里，是讲究人人平等的，所以孩子直呼其父母的名字是很正常的。

2. 要照顾被称呼者的个人习惯

人和人是不一样的，有的时候人们称呼上的习惯也不一样。

很多时候，对于别人的称呼应该考虑对方的年龄，但是又不能太较真，对对方的称呼应该以对方的年龄减少几岁，这样对方听了才会高兴，而你们之间的交流也会因为这样而能得到进一步的发展。

王女士今年已经七十多岁了，但是由于保养得好，看起来也就六十多岁的样子。人们遇见她都只是叫她阿姨，因为她不爱听别人叫她别的。有一天下雨，路上不太好走，而王女士正好从外面回来。这时，小区新来的保安小李赶紧跑过去扶住她，边走还边说着："老奶奶，您小心点，您家里人怎么放心您这么大年龄了还往外跑啊？像您这么大年龄的人，应该多在家休息才对啊，他们真是太不像话了。"王女士听见小李说的这些话之后脸色都变了，急忙甩开小李的手，自己一个人往前走了。

小李愣在那里不知道发生了什么事，也不知道自己说了什么得罪王女士的话。而刚刚从保安室里出来的同事刚好看见了王女士一个人在前面走。小李也看见了自己的同事，就问同事，那个老奶奶怎么突然就变了脸色。同事说不知道，他只是看见了王女士甩开小李的手。同事知道小李是新来的，就想到可能是小李说了什么不好听的话。小李说："我见路这么不好走，那个老奶奶一个人在走，就去扶她，后来跟她说了一些话，她就这样甩开我，自己一个人往前走了。"小李的同事听出来了，小李就是因为叫了王女士为老奶奶，才会有这样的结果。他告诉小李，王女士只喜欢别人叫她阿姨，这时小李才明白过来自己错在哪。

第二天，小李又遇见了王女士，于是热情地上去叫了一声阿姨，这时王女士别提多高兴了，还一个劲地夸小李有礼貌。恰当的称呼，帮助小李赢得了王女士的好感，这个恰当的称呼就是根据王女士的习惯而来的。你觉得恰当的，对方不愿意听，也会被认为是不恰当的，还会说你不会说话。因此，真正恰当的称呼就是那些对方愿意听，但是与现实差距不太大的称呼。

可见，恰当地称呼别人，透露出你自身的一种修养，反映了你对对方的尊重。恰当地称呼对方，会给对方留下良好的印象，就像小李那样，最终叫了王女士一声阿姨，就得到了王女士的夸奖。而不恰当的称呼，不利于树立你在对方心中的形象，同时不利于你与对方之间交流的顺利进行。

3. 要入乡随俗

我们在使用称呼的时候，还要考虑入乡随俗的问题。十里不同风，百里不同俗，千里不同国。倘若习俗不一样，称呼往往不大一样。

4. 要区分具体场合

在称呼的具体使用过程中，一定要区分场合。在不同的场合，应该采用不同的称呼，在党和政府内部，大家通常互称同志。但是在国际交往中，面对外国友人的时候，就不能称呼人家同志了，而应该称呼人家为主席、总理、部长，以示场合有别、身份有别。称呼，实际上是表示身份有别的一种常规做法。

在称呼他人的时候，以上四条规则都很重要：遵守常规；区分场合；入乡随俗；尊重习惯。所有这一切，都是建立在尊重被称呼者的基础上的。

说好“场面话”，让交谈更顺畅

生活中的你，不知是否有以下这样的经验：

当你偶然进入一个陌生的地方，那里有你熟悉和不熟悉的朋友，他们看见你来了，立即起身用几句客套话对你表示欢迎，然后请你坐下来寒暄几句。这样一来，双方都感觉很轻松，感情自然也会更进一步。“场面话”是交谈的润滑剂，它能在陌生人之间架起友谊的桥梁。由于两人初次见面，对彼此都不太了解，往往陷入无话可说的尴尬场面。

这时我们不妨以一些“场面话”为开头，比如：“天气似乎热了点！”或者“最近忙些什么呢？”等等。虽然这些“场面话”大部分并不重要，但是，正是这些话才使初次见面者免于尴尬的沉默。而同时，最为重要的是，会不会说“场面话”是一个人懂不懂礼数的重要表现。从心理学的角度看，人们都喜欢与知晓礼数的人交谈。为此，说好客套场面话，是敲开陌生人心理大门的一个重要方面。

在与陌生人交谈时，使用客套话、场面话和寒暄语，可以消除对方的陌生心理，促成彼此间的良好交往，正如培根说过的：“得体的客套和美好的仪容，都是交际艺术中不可缺少的。”所以，会交际的人应当像司机精通交规一样，熟悉和掌握好各种客套话。

在古典名著《红楼梦》中，就有许多经典的场面话。在《刘姥姥进大观园》一回中，刘姥姥找到周瑞的娘子时，两人就用了许多场面话来进行寒暄。

周瑞娘子迎出来问：“是哪位？”

刘姥姥忙迎上来问道：“好呀，周嫂子！”

周瑞娘子认了半天，方笑道：“刘姥姥，你好呀！你说说才几年呀，我就忘了。请家里来坐吧。”

刘姥姥边走边笑道：“你老是贵人多忘事，哪里还记得我们呢。”

来至房中，周瑞娘子命小丫头倒上茶来吃，在问些别后闲话后，又问姥姥：“今日是路过，还是特来的？”

刘姥姥便说：“原是特来瞧瞧嫂子你，二则也请请姑太太的安。若可以领我见一见更好，若不能，便借嫂子转达致意罢了。”

在这段对话中，刘姥姥与周瑞娘子说的大部分都是场面话。刘姥姥通过一番场面话，让周瑞娘子觉得，刘姥姥虽然是个出身寒微的人，但还是很懂礼数的。而同时，刘姥姥也化解了自己寒微的身份，之后双方再聊起正题就显得亲切许多，自然，周瑞娘子也会给刘姥姥一个见主子的机会。一些本来不好开口的话，经过场面话的客套之后，听起来就舒服多了。因此，在交际过程中，一定要重视场面话的作用，特别是当你与陌生的人或不熟悉的人交往时，场面话无疑是打破距离障碍的第一把钥匙。

一般来说，“场面话”有以下几种：

1. 当面称赞人的话

诸如称赞小孩子可爱聪明，称赞女士的衣服大方漂亮，称赞某人教子有方……这种场面话所说的有的是实情，有的则与事实有相当的差距，听起来、说起来虽然“不完全真实”，但只要不太离谱，听的人十之八九都感到高兴，而且旁人越多他越高兴。因为事实上，每个人都愿意听赞美的话，尤其是将赞美公开化的话，对方接受起来也更乐意。

2. 当面答应人的话

和陌生人交往，如果对方希望你帮什么忙，即使你不能帮忙，也不能当面拒绝。因为场面会很难堪，而且会马上得罪人。你可以说这样一些场面话，诸如“我全力帮忙”“有什么问题尽管来找我”等。给足对方面子，不至于让他下不来台，他也会觉得你是个顾全大局的人。

3. 特定场合的客套话

另外，我们要记住一些特定场合下有针对性的客套话。比如在打扰别人或者给对方添麻烦时，要真诚地说一声“对不起”或“不好意思”，一旦没有了这句话，对方可能很长时间还对此事耿耿于怀；在求人办事后，要真诚地说声“谢谢”或“拜托您了”，如果没有这句客套，对方会认为你求人的态度不够真诚或者认为你不懂礼节，对你的印象大打折扣；在作报告或者讲话时，可以先这样客套一下：“我的讲话水平不高，讲得不好，还请大家见谅”，“如果讲得不好，还望大家多多指正”……这类客套话表面上看似随口而出，实际上确实起到了表现自身涵养的作用。

下面是一些特定场合的客套话：

（1）初次见面说“久仰”，再别重逢说“久违”。

（2）等候客人说“恭候”，客人到来说“光临”。

（3）未及欢迎说“失迎”，起身作别说“告辞”。

（4）看望他人说“拜访”，请人勿送说“留步”。

（5）陪伴朋友说“奉陪”，中途告辞说“失陪”。

（6）求人帮忙说“劳驾”，求人方便说“借光”。

（7）请人解答说“请教”，盼人指点说“赐教”。

（8）麻烦别人说“打扰”，请人办事说“拜托”。

（9）向人祝贺说“恭喜”，赞赏他人说“高见”。

会说场面话的人，都是交际场中的老手，即使是陌生场合，不论遇到多大身份的人也不会觉得不好意思，更不会冷场。可见，场面话的运用就像一把打开话匣子的钥匙，它可帮助你和陌生人顺利地谈话。因此，在与陌生人说话的时候，我们需要掌握一些“场面话”的说法，这样在三言两语之间，就能轻松让对方为我们打开心门。

巧妙寒暄，拉近距离才能融洽交谈氛围

生活中，我们都需要与人交往，也就少不了谈话，然而，在谈话过程中，我们可能常常会出现这样的状况：大家似乎都

不愿意主动开口而导致了场面冷清、尴尬，此时，我们该如何是好？此时，如果我们懂得恰当地寒暄，就能处理好这一囧况，使交谈气氛迅速融洽起来，使我们结识很多有趣的朋友。

可以说，寒暄是冲破心理戒备障碍的有效方法。通常情况下，用轻松柔和的语气、缓和的语调讲出短短一句充满感情的寒暄语，就能够让对方的心情彻底放松。如此一来，就建立了一个良好的交谈氛围，对方也会知无不言、言无不尽，最后就会取得皆大欢喜的结果。

小程是一名销售新手，他主要销售的是女士保养品。他是个灵活的小伙子，但常常因为口无遮拦，得罪不少客户。

有一天，店里的老客户陈女士来了，陈女士和丈夫刚离婚半个月。但似乎心情也不差。

这位陈女士原本是店长的好朋友，小程便想过去套套近乎，就主动和对方打招呼："陈姐，最近皮肤保养得不错啊。"

"哪里有？你真是说笑了。"

"我可没开玩笑，比你没离婚的时候还好呢！"小程一说完，陈女士的脸色马上就变了。这一点，小程也感觉到了，为了挽回自己的过失，他准备弥补一下。

"你看我这乌鸦嘴，其实，离婚了也没什么不好，您还拿到了一大笔孩子的抚养费，这也不错。"这话不说倒好，小程一说出口，对方的脸色更差了。小程知道已无法挽回了，也不再作声。后来，这位陈女士再也没来店里购买过保养品。

遇到老客户，自然需要寒暄一番，若视而不见，不置一词，难免显得自己妄自尊大。但很明显，小程的寒暄之语却适得其反，开罪了客户。可见，我们在与人寒暄的时候，一定要考虑对方的心情，不可胡乱寒暄。

当然，寒暄并不是谈话的主题，只是进入正题的铺路石。要想让寒暄正确地发挥作用，不变成废话，我们就应该掌握必要的分寸，既不能没完没了地嘘寒问暖，也不能虚情假意地说几句简单的客套话。过度的寒暄，会让人在不知所云之际再度产生防范之心，简短的寒暄则和没说一样，不能起到应有的作用，对过渡到谈话正题难以产生促进作用。

现代心理学告诉我们，寒暄并没有固定的模式，一般情况下只需注意以下几点即可。

1. 要保持愉快的心情

实际上，那些深谙交际心理的人，他们无论内心出现多么大的波动，都很少会在脸上表现出来。他们不愿意让自己的心情感染到别人。因此，在与人谈话的时候，他们都能让自己保持一份愉快的心情。因为他们知道，只有表现出愉快的心情，才能让自己在谈话中占据主动地位，让对方了解自己的真诚。

他们还认为，保持愉快的心情是尊重别人的一种表现形式，它可以让对方感受到你对他的尊重。另外，愉快的心情还能表现出一个人的自信与从容，能够形成强大的吸引力，也能够建立起融洽的人际关系，使彼此都不再紧张。

愉快心情下的寒暄可以表现最大的善意。比如，满脸微笑地说一句“您好，感谢您在百忙之中为我们提供帮助”这样寒暄方式就会让对方感到热情、亲切、温暖，自然也就愿意为你提供有效的信息。与之相反，冷若冰霜地说一句“来了，坐吧”就会让对方徒增厌恶，不愿意再和你交谈下去，更遑论配合工作了。

2. 要选择一个恰当的时机

现代心理学告诉我们，寒暄时要选择一个恰当的时机。在打招呼之前，首先要分析一下对方当时的心情，然后再决定说寒暄语的方式与心情。比如对方的心里有些不痛快，你从其面部表情上就可以判断出来，此种情况下打招呼，声音不要太大，语言也不要太热情，要低度；或用询问式的语言，同时用安慰的语气来和他寒暄。

如果对方脸上喜气洋洋，你便可热情地打招呼，使对方感觉到温暖，进而展开话题。

如果面对的是女士，语言可以热情一些，但不能太过分，也不能开一些出格的玩笑，否则的话，对方就会觉得你太轻薄。

3. 要注意内容的恰当

生活中，我们常要和陌生人打交道，那些深谙谈话技巧的人，在和陌生人见面的几分钟之内，一般情况下并没有太多的话题可聊，所问的问题几句话就能讲清楚。因此，在这个时候，他们通常都会做一般性的寒暄，比如问候、互通姓名、谈论一些无关紧要的话题等，很少会扯一些漫无边际的话题，也不会让寒暄耗费太多的时间。

当然，寒暄是为了突出自己的真诚，可以谈一些触景生情的话。毕竟，如果没完没了地问一些籍贯、住址、身世等话题，就容易造成一种审讯的假象，极可能引起对方的反感。因此，我们要善于睹物生情，看到什么谈什么，这样既显灵活又可增进彼此间的关系。

另外，现代心理学还告诉我们，寒暄言语的长短、内容的繁简、往复的次数多少要与交谈双方关系的亲密程度成正比。如果我们面对的是一个熟悉的人，寒暄的话不妨多说一些，因为那样更能显示出彼此之间的关系，建立起更和谐的交谈氛围。

和陌生人交谈，先要克服心理障碍

中国人常说："一回生两回熟。"这句话的意思是说，人与人之间，总有个从相遇到相识、相知的过程，即使是陌生人，经过一番了解，也会成为你的朋友。的确，在家靠父母，出门靠朋友，人生路上，关键时刻朋友的帮助能让我们脱离险境，能让我们飞黄腾达，这也已经是无数成功者的切身体验和宝贵心得。一个善于交朋友的人，一般都能做到处处受欢迎，事事得到他人帮助，毫无疑问，这样的人，在竞争激烈的现代社会一定会多几分必胜的把握。那么，朋友从何处来？很简单，从陌生人而来，然而，并不是所有人，都有与陌生人谈话的勇气，但如果你想与陌生人成功结交，你就必须克服这一心理障碍。

小陈是个腼腆害羞的女孩，参加工作以来，她一直在找机会让自己变得大胆起来。周末这天，她来到商场，准备为自己添置一双鞋。来到某品牌专柜，她左看右看，也没看到合适的。正准备离去时，她发现，迎面走来的一位女士好面熟，仔细想了想，原来大家都在同一座大楼上班。出于好奇心，小陈决定看下这位女士会挑什么样的鞋。于是，她继续假装看鞋。

“小姐，你这双高跟鞋打不打折，哪个那么贵？”这位女士一口重庆腔。小陈一听，原来是老乡，禁不住想过去和她说几句话，但此时，她内心又害怕起来，万一对方根本不愿意与我交谈怎么办？这样一想，搭讪的想法只好作罢。

“不好意思，我们这里的鞋子全部正价。”

“可是一般的专卖店也会打个八折，一双鞋子八九百，实在是有点贵撒。”小陈最终还是开口了，她觉得这是个切入话题的好机会，并且，她是用重庆口音说话的。听到小陈的回答，对方似乎很吃惊，但立即表现出很高兴的样子，对小陈说：“你是重庆哪里的？在北京做什么工作啊？”

听到对方似乎已经产生了交谈的兴趣，小陈变得开朗多了：“江津的，做化妆品销售工作。对了，您是不是在××大楼上班？我以前好像见过你，还不是一次两次呢？”

“是撒，我自己开了个保健品公司。”

“相比之下，我就自愧不如了，同样是重庆来的，我还是个销售员呢！”

“没啥子，我当初也是这样一步步走过来的，你还年轻，对了，我们交换一下电话吧，以后有事要找我啊。”

“你不说我差点忘了……”

就这样，小陈和这位老乡认识了。后来，她们成了很要好的朋友，她还帮小陈介绍了很多客户，因为关注保健的那些女士通常也很在意自己的皮肤。

这里，我们看到了一个羞怯的姑娘在遇到陌生人时逐步让自己健谈起来的过程。此时，如果她没有主动搭讪，那么，她很可能失去一个朋友。其实，我们每个人都有陌生人情结，只要我们克服心理的那道关卡，主动走出第一步，很多时候，对方是愿意与我们交谈的。

我们若想提升自己的谈话技巧、扩大自己的社交圈，就不要放过和陌生人交谈的机会、结交陌生人的机会。的确，有时候在看报纸或与别人闲谈、吃饭时，他人不经意间的一句话可能就会让我们有所收获，发现目标。对于我们每天遇到的路人，只要我们勇敢一点，并懂一点搭讪的技巧，也有可能与之结交，甚至成为朋友。在餐厅、公共汽车或者公园，您有没有尝试着和您身边的人交谈过？您会发现和走近您身边的人进行交谈是一件非常有趣的事情。当然，你必须要克服胆怯的心理。一般来说，怯于表现的人面对众多目光只是觉得不安，并非讨厌赞美和掌声。

因此，为了克服自己胆小的性格弱点：

首先，你需要树立自信心。

树立自信心是战胜胆怯退缩的重要法宝。胆怯退缩的人往往是缺乏自信的人，对自己是否有能力完成某些事情表示怀疑，结果可能会由于心理紧张、拘谨，使得原本可以做好的事情弄糟了。因此，你在做一些事情之前就应该为自己打气，相信自己是有趣的、吸引人的，然后按照想法自己去努力就可以了。

其次，你还应该有意识地扩大自己的接触面，经常面对陌生的人与环境，逐渐减轻不安心理。

闲暇时，你也可以和周围的人多聊聊；多参加他人组织的一些活动；经常到亲戚家串门；节假日背上行囊去旅游，让自己置身于川流不息的游客潮中……随着见识的增长，你面对别人的目光时，便会多几分坦然。

总之，你若想和陌生人建立并加深关系，还必须加入到与人交往的实践中，躲避人群而渴望获得友谊简直是天方夜谭。广结善缘，可以使我们开阔眼界，增长才干，丰富人生阅历，增添成就感，提高耐挫力，激发和巩固自信心，即使是陌生人，也可能成为你的下一个朋友！

与陌生人见面，第一句话如何说

几乎任何一个深谙谈话技巧的人，他们在和别人交谈的时候，能够一句话就抓住对方的心，深深地吸引对方。那些和他们交谈的人，不但愿意倾听他们的讲话，还愿意主动配合，向其提供必要的信息。

究竟他们有什么本领深深地吸引这么多人呢？是天生的吗？绝对不是。为此，我们要明白，要想让别人和自己进行有效的交谈，形成有益的互动，就要在见面的第一句话上下一番功夫。只要第一句话说好了，就能让对方消除心理屏障，在最短的时间之内与自己形成心理上的共鸣。

现代心理学认为，无论交谈对象是谁，第一句话应该传递出亲热、友善、贴心的信息。唯有如此，才能消除彼此的陌生感，让双方的交谈顺利地进行下去。

对此，我们不妨来学习一下以下三种方式：

1. 问候式谈话

问候式谈话能够给人带来亲切感。现代心理学认为，简短的一句问候可以传递出三方面的重要信息：我把尊重送给你、我把亲切感送给你、我十分愿意和你成为朋友。当你将一句问候传递给对方的时候，就能够让对方了解到你的热情、风度及涵养。

联邦探员詹姆斯常常坐火车去异地城市办案。在火车上，他会主动和其他旅客打招呼："您好，您是去老家探亲的吧？"或者说："您好，能不能把您的报纸借我看一下？"于是，他就和那些乘客们天南海北地聊了起来。在聊天的过程当中，詹姆斯了解了一些城市的情况，也收获了很多重要的线索，为最终的破案提供了很大的帮助。

在现实生活中，我们在说第一句话的时候不妨多说一些问候式的话语。多将"您好"作为问候致意的常用语。若能因对象、时间、场合的不同而使用不同的问候语，效果则更好。对德高望重的长者，应说"您老人家好"，以示敬意；对年龄跟自己相仿者，称"老×（姓），您好"，显得亲切。

2. 敬慕式的谈话

现代心理学认为，敬慕式的话语能给人带来贴心的感觉。不过使用这种谈话方式的时候要掌握一定的分寸，尽量做到恰到好处，不能肉麻地吹捧，在内容上也应该因时因地而异。比如："您的急公好义在这个城市里是出了名的""早就听说过您是一位著名的画家，没想到今天竟然能在这里一睹您的风采"，绝不能用那些"久仰大名""百闻不如一见"之类的陈词滥调。

现代心理学认为，谁都希望别人关心自己、重视自己，如果你能够找准对方的谈话话题，对方就会对你产生好感，也就愿意和你交谈下去，提供你想要的信息。

有一次，探员吉姆想从一个作家那里了解一些线索。他见到这位作家时，并没有提和案子有关的话题，而是对他说："你写的文章棒极了，我经常看你写的文章，有时候还会模仿你的写作手法写一些东西……"那位作家听后，非常感动，没等吉姆说，就将自己了解的情况全部告诉了他。

在生活中，我们和别人交谈时，不要过多地以自我为中心，而是要在言谈之中多说一些仰慕甚至是恭维对方的话。这样的谈话能够消除对方的敌视心理，拉近彼此间的关系。

3. 以攀认式谈话拉近彼此的距离

现代心理学认为，面对任何一个素不相识者，只要是你愿意做一番认真的调查研究，都能够从中找到一些或明或暗、或远或近的亲友关系。找到这种关系之后，就要有效地加以利用，及时地和对方拉关系、套近乎，如此一来，能迅速地缩短彼此间的心理距离，让对方产生亲切感。

那些深谙沟通技巧的高情商人士在和一些陌生人沟通的时候，都会尽力地和对方"套近乎"。比如："你家是加州的，我的童年就是在那里度过的，说不定咱们小时候还是伙伴呢”，“你是华盛顿州立大学的硕士，我也是那里毕业的。今天遇到了校友，真让人感到兴奋啊。”这种初次见面就互相攀关系的谈话方式，能够让对方对你产生亲切感，减少拘束感，也能让其愿意主动和你交谈。

实际上，和陌生人沟通并没有那么可怕，如果你选择躲避，将会一事无成。只要你能够采取主动的态度，热情地说好第一句话，亲切自然地和他们聊天，就能够赢得对方的好感，拉近彼此的距离。

第05章

掌握高难度谈话的七个原则

与一般无目的的闲聊相比，高难度谈话的根本目的是希望听者能接纳我们的思想、观点，并采取行动，这就是一个说服的过程。要达到这一目的，我们在与人交谈的过程中，就必须抛弃信口开河、语言散漫的习惯，而要遵循一定的原则。只有做到有理有据、情理结合，才能真正说服和打动听者，获得我们想要的效果。

谈话原则1：做对方忠实的听众

古人云："听君一席话，胜读十年书"，在现代交际中，倾听的作用尤为重要。倾听，是人们建立和保持关系的一项最基本的沟通技巧，也是一种心理策略，英国管理学家威尔德说："人际沟通始于聆听，终于回答。"没有积极的倾听，就没有有效的沟通。

然而，现代社会中，一些人依然只顾发挥自己的优势——说话，而不在意别人说，他们更喜欢谈论自己的事情，而没有耐心听别人谈论他们的事情，或总在没有完全"听懂"别人的前提下，就对别人盲目下判断。这样就造成了难以继续交谈的情况，形成交谈的障碍和困难。实际上，任何一个人，要想获得良好的人际关系，就要把握谈话的第一大原则：学会倾听他人的声音。

唐婉是部门新上任的主管。公司按例每月要开一次中高层会议，商议一些事宜，可能这样的会议早已经数见不鲜，大多数领导人已经把这种会议当成一种走形式，都无所谓有无所谓无的活动。唐婉第一次参加这样的会议，不免准备充分，带上了纸笔，和她一起参加的，也有一些和她一起上任的新主管，他们看着唐婉正襟危坐的样子，不禁都笑了。

这次主持会议的是董事长的得力助手。商讨的是公司的一些人事变动问题，其实，这类问题讨论也已经不是第一次了，无非是各个部门之间的一些主管、小领导之间职位的变更，大家都听厌了，只等通知就是。可是唐婉坐在后排，居然把这些人事变更的名字都记下了，而这些却被主持会议的董事长助手看在眼里了，散会后，他让唐婉留了下来。

“为什么会上大家都无所谓，你却记下了这些名字呢？”

“因为，我觉得工作中一定要细心，我刚上任，以后肯定会麻烦这些前辈和领导，记下他们的名字才不会出错。”唐婉如实回答。

“小姑娘真的很细心啊，我们现在工作的状况是，很多人都倚老卖老，董事长每次让我开会，我多是硬着头皮去的，那帮人不把我放在眼里啊，我是有苦说不出啊。”说完，他长叹了一口气。

“这种会议的确不好开啊，毕竟与会的都是一些老将，不知当说不当说，其实，如果您尝试一些新的会议模式，倒是能激发大家的兴趣，比如……”董事长助手听完后，觉得十分有理，就采取了唐婉的建议。果然，每月的例会有生机了，而在助手的大力推荐下，唐婉很快升到了部门经理的职位。

的确，任何一个人，都是希望能够得到尊重和支持的，因此对于愿意认真倾听自己说话的人，人们一般也会对其产生好感。唐婉就是这样获得董事长助手的器重的。董事长助手这个职位看似不重要，但却能和董事长直接对上话，这就是为什么他能帮助唐婉成功升职的原因。

因此，你我都需要明白，倾听是对别人最好的尊敬，专心地听别人讲话，是你所能给予别人的最有效、最好的赞美。不管说话者是上司还是下属，倾听的功效都是同样的。当然，你还必须掌握倾听的艺术：

1. 注意言行，传达你的兴趣

在对方有意与你进行沟通时，你要做出一副感兴趣的样子，积极配合对方的言论。比如对方与你交流时，你要用积极的目光注视着对方，在他讲述的过程中适时点点头，适当做一些面部表情，不要看表、翻阅文件，更不要拿着笔乱画乱写，并且对他言语中你不明白的地方向他提问，这样会让他认为你在关注他的话，你在重视他的言论，会增强他的诉说欲，他会乐意向你提供更多的信息，你在此沟通过程中也能准确、完整地得到他想传播的信息。

2. 适时反馈

沟通是双向的，只顾倾听，只是满足了对方倾诉的愿望，而他还有被回馈的愿望，这才表明你用心了，真正考虑到了他的感受。你可以做到：

对方发表演讲，你应该积极鼓掌，大声喝彩；如果对方邀你去吃饭，你要主动地相陪。在茶饭间的闲聊，你不妨使用这样的话语："能够听到您的人生经验是我最大的幸福！"这些话会成为和对方沟通的最好的润滑剂。

3. 适时进行鼓励和表示理解

谈话者往往都希望自己的经历受到理解和支持，因此在谈话中加入一些简短的语言，如"对的""是这样""你说得对”，或点头微笑表示理解，都能鼓励谈话者继续说下去，并引起共鸣。当然，仍然要以倾听为主，要面向说话者，用眼睛与谈话人的眼睛作沟通，或者用手势来理解谈话者的身体辅助语言。

4. 肯定对方的感受和想法

无论在倾听的时候，还是反馈意见的时候，你都要肯定对方的感受，这是互赠情谊的基础。如果领导性情不好，并把缘由告知与你，却遭到你的反驳，那无异于火上浇油，一发不可收拾。

即使对方谈的都是一些老调，也要做倾听状，时而给予共鸣或由衷的赞美，而不应有一丝不耐烦的神态。

人都渴望被尊重和认同，人与人谈话的过程中，你只有学会做他人忠实的听众，才是真正的会说之人，才能实现有效的沟通，拉近彼此间的距离。

谈话原则2：人们常把自己看得很重要

我们都知道，人与人之间相处，每个人都希望得到他人的关注和重视，这是人们的自尊心在起作用。然而，我们也很容易忽略他人的感受，也正因如此，我们在与人谈话的过程中，常常会遇到阻碍，甚至以不愉快收场。实际上，如果我们能了解人性，在交谈中多关注对方，让对方感到自己很重要，往往会有不一样的结局。

的确，生活中，人们常常把自己看得很重要。例如，如果一个女孩穿着洁白的裙子，却不小心在公交车上被踩了一个黑脚印，那么她一定觉得很尴尬。实际情况如何呢？除了她自己对那个脚印念念不忘，根本没有人注意到那个脚印。这种现象很常见，都是自己把自己看得过重，实际上却并没有得到他人的关注。遭遇这种经历的人，既因为自己的尴尬没有被人留意而感到小小的庆幸，也因为他人对自己的漠不关心感到大大的失望。这种复杂的情绪相互渗透，让人的心中百感交集。那么，对于我们比较在乎和亲近的人，我们则不能如此无视，否则一定会让对方感到伤心。当我们想要吸引一个人的注意力，当我们想要打开一个人的心扉，当我们想要收获一个人的真心，我们就一定要让对方知道：你很重要。

你很重要，尽管只有短短的四个字，但却具有神奇的魔力，能够瞬间让人感到受重视的满足，也会让人不由自主地觉得对他说这四个字的人同样重要。人与人的付出，一定不是单方面的，而是双向的。你付出什么，就会收获什么，因而当你真心诚意地告诉他人“你很重要”，对方也同样会觉得“你很重要”“你是我很在乎的人”。由此一来，彼此的交往一定更加深入。

阿满是一个自我意识很强的人，而且自我感觉超好，总觉得自己是最棒的、最优秀的，也是深受每一个人喜爱的。然而，在接下来的相亲中，她却备受打击。

原来，这次相亲是爸爸的同事安排的，男孩就是爸爸同事的儿子。对方条件很优秀，名校毕业，现在在金融业工作，是一位年轻才俊。由于在相亲之前就了解了男孩的基本情况，也看过男孩的照片，因而阿满对男孩很满意。不想，她真正见到的却是一个无比傲慢的人。

在整场约会中，男孩张口闭口都是“我”怎么样怎么样，从未想要了解阿满的基本情况。对于这个骄傲自负的男孩，阿满暗暗想道：“即便你再怎么优秀，我也不会喜欢你。”让阿满大跌眼镜的是，在约会结束时，男孩居然毫不掩饰地对阿满说：“实际上，我是被爸爸逼着来相亲的。咱们并不相配，因为条件相差悬殊。”这句话让阿满恨不得端起桌上的饮料泼到男孩的脸上，但是碍于爸爸的面子，她忍住了。这次相亲让阿满元气大伤，一下子就觉得自己不那么优秀，甚至卑微起来。

后来，姨妈又给她安排了一次相亲。这次的男孩虽然条件不是那么优秀，但是非常绅士。不管是叫饮料，还是叫甜点，他都会第一时间考虑到阿满的喜好，让阿满感到呵护备至。约会结束后，男孩贴心地送阿满回家。他们走在凉风习习的马路边，男孩让阿满走在自己的右手边，走在靠近马路牙子的那一侧。阿满问：“为什么？”男孩笑着说：“因为你很重要。”这句话，让阿满深受感动，心里暗暗地说：“就是这个人了。”果然，阿满与男孩交往神速，半年之后就已经开始谈婚论嫁了。

一句“你很重要”，让男孩在体贴之余，更加深刻地打动了阿满的心。每一个女孩，都希望成为梦想中的公主，被白马王子呵护备至。阿满找到了那个视她非常重要的男孩，因而一改挑三拣四的常态，很高兴地接受了男孩的追求。

可见，我们与人谈话，如果能抓住其心理特点——表达你的重视和崇拜，采取曲径通幽的方式，那么，谈话就会容易很多。具体说来，我们应做到：

1. 说话时态度不妨诚恳一些

每个人都有心理戒备，尤其在没有确定对方的友善之前，这时候如果你太过高调，往往会堵住和别人建立平等互信的关系的大门，更别指望对方接受你的观点和建议了。

2. 不要轻易卖弄自己的才华

也许你确实是一位出类拔萃者，你的学历高，技术硬，因而会鹤立鸡群，也许你所要说服的人无法与你比肩，但即便如此，在说话的时候千万不要卖弄你的才华，否则你根本不可能让对方真的认同你的想法。

3. 重视对方说的每一句话

说服他人的目的在于交流意见、达成共识，只有重视对方说的每一句话，才能同样赢得尊重。

4. 重复对方的话和对方的名字

可能有些人会问，这是为什么呢？其实，很简单，重复对方的话，表明你很在意对方的感受，听进去了他的想法。而不断地称呼对方的名字，往往会使刚刚才认识的人产生彼此已经认识了很久的错觉。

5. 承认对方的能力

这是一种心理策略，因为任何人都爱听赞美与肯定的话。为他人叫好，并不代表自己就是弱者。为他人叫好，非但不会损伤自尊心，相反还会让对方接纳你，进而接纳你的想法。

6. 委婉表达你与之不同的想法

你的目的是说服对方，所以表达对对方的重视也是为了让对方接受你的观点，而如果在沟通过程中你得理不饶人，只会事与愿违。为此，你不妨采取一些委婉的方式，来表达自己的观点。当然，言语委婉并不容易做到，它不仅需要懂得如何运用语言，比如，语气、词汇、句式等，还需要你做到思维敏捷，根据具体的语言环境运用不同的语言。总的来说，把话说得好听一点、委婉一点，往往比直言快语更能起到效果。

总之，我们每个人都希望获得重视，希望被人认可，希望成为焦点，同样，在说服他人的过程中，我们如果满足对方的这一心理，那么，我们的说服过程一定能事半功倍。

谈话原则3：人们都希望被认可

心理学家指出，喜欢争辩是人的天性，因为人们都希望自己的意见被认可、观点被认同，自以为是也就成了人类的弱点。这为我们参与人际谈话、说服他人提供了心理学依据，也就是说，要想真正达成交谈目的，我们不妨放低姿态，“故意”让对方在争辩中做个赢家，满足其虚荣心，这样，说服工作便能顺利进行。

小刘是某商场奶粉专区的销售员，一天，一位顾客来购买奶粉。小刘向客户推荐了货架上的某种奶粉。谁知，这位顾客撇撇嘴，冷笑一声：“你就别提这奶粉了，上周我才听了报道，这种奶粉被查出有致病成分，这个生产厂家因产品出现质量问题，差点被告上法庭。你说，这种奶粉，我敢要吗？”

小刘一听，知道遇到内行了，她立刻改变策略，恭维道：“是吗？我真是孤陋寡闻，没听说这事儿，您真行！这么内幕的事都能知道，跟您相比，我们真是井底之蛙了。”

顾客：“那是！我以前也代理过很多婴幼儿用品，奶粉行业的这点破事，哪能逃过我的耳朵。”顾客得意洋洋。顾客这样回答，小刘立马知道了，原来这是个爱听软话的顾客。于是，她接着说：

“原来是老前辈！刚才我还跟你推荐产品，真是班门弄斧了。那您觉得买什么样的奶粉才放心？”

顾客：“告诉你，这个品牌的奶粉就不错，我亲戚家的几个孩子都是喝这奶粉长大的，我们家宝宝出生后，我一直买的也都是这种奶粉，价格也合理。”

小刘趁机说道：“跟您聊一会，真长见识！你要几罐？我给您拿去。”听罢，顾客痛快地要了两罐。

顾客离开前，小刘还不忘恭维道：“以后，您可要常来我们商场啊，您的指导对我很有用！”

我们发现，案例中的奶粉销售员小刘是精明的，在她向顾客推荐奶粉遭拒后，她便立即改变策略，改用恭维的方式，故意让顾客认为自己在争论中获胜了，事实证明，这位顾客确实被小刘“降服”了，最后，顾客心甘情愿地购买了产品。

那么，在具体的谈话过程中，我们该如何让对方赢得争辩呢？

1. 处变不惊，冷静应对

一般来说，人们在争辩中都会表现出一副盛气凌人的姿态，都希望通过滔滔不绝的陈述来压倒对方，但此时，你一定要冷静，绝不能畏首畏尾，不与之辩论，要知道，一开始就承认自己失利，会让对方质疑你的动机。当然，我们依然要把握与对方辩论的度，我们的最终目的是说服对方接纳我们的观点，如果惹恼了对方，那么，接下来的说服工作就很难开展了。

2. 适时放弃“观点”，让对方认为自己辩论成功

正如案例中的销售人员小刘一样，当我们发现谈话趋势明显偏向对方时，便可告诉对方：“好吧，我认可你的想法。”当然，这里，我们放弃的“观点”，只是一个诱饵，并不是我们的最终目的。

3. 表达认同，但要先停顿一下

当对方讲完以后，你不要凭自己一时高兴，想到什么就说什么，而应该先暂时停几秒，以确保对方已经讲完你再说话，否则，假设对方只是暂时停顿整理思绪，那么，很明显，你只会让对方心生反感。同时，这样做，还有另外两个好处，你的沉默表示你对对方刚刚所说的话非常重视。对对方的言论表示慎重，这是一种最大的恭维。第二个好处就是给自己留下思考的空间，可以准备如何应对对方的发话。

4. 巧说恭维话

当对方赢得辩论后，我们可以对他渊博的学识表现出敬佩的样子，这不仅让他们的虚荣心得到满足，更能打开其心理防

备，进而有利于我们开展说服工作。

5. 适当使用讨教的语气求教

我们可以降低姿态，以讨教的语气进行交流，比如，你可以问对方："请问，您刚才说的电脑的配置，指的是哪些方面呢？"如此讨教，一来会体现出你在认真倾听，二来可以满足对方好为人师的心理，以此来促成销售。

西方有句格言："请用花一样的语言说话。"自以为是是人性的弱点，在与他人交谈的过程中，如果我们以说教的方式劝对方接受我们的意见、放弃自己的想法，恐怕是不起作用的。如果你想获得成功，就不妨让对方在辩论中胜出，并多说些甜言蜜语，使你的语言像花一样绽放，让对方心情愉悦起来，与你进行一个很好的交流，为谈话成功奠定一个好的基础。

谈话原则4：要精简和专注

生活中，我们发现一个现象，那些深谙谈话技巧的人往往都有一个共性：他们无论是在下达指令还是发表演说，都言简意赅，辞藻绝不拖沓冗长。从心理学的角度看，人们对于简洁有力的话语有更深刻的理解。少即是多，短即是美。简洁为上策！

假如你想和他人谈一笔大生意，那么你的脑袋里首先就应该有一个清楚、精确、简单的计划纲要。牢记生意计划，自然演绎，不显得像是在背诵，让它成为你的一部分。就好像一位钢琴家，演奏时不需要“想起”手指要去琴键位置，计划也应该无须思考、犹豫或考虑每个部分，因为你已经很熟悉它了。当你“胸有成竹”，只“专注于推荐对象”，而不会“专注于自己”时，你会把生意计划演绎得更像一个对话，做到了无须思考的讲解，就是一个成功的讲解。

而事实上，很多人在与他人说话的时候，由于心情紧张或者急于想表达自己的说话意图而忽视自己的表达方式。但越是慌慌张张地表达自己的意图，语言组织得就越是错误百出，结果与对方沟通起来就越吃力。因此，说话重复啰嗦、不能言简意赅给对方的印象常常是非常糟糕的。

我们先来看看下面一个销售人员和客户的对话：

导购：“这位小姐您好，我是这家店的导购员，很高兴为您服务。”

客户：“你好！”

导购：“我看你的皮肤好像不怎么好，一定要选套适合自己的保养品。”

客户：“哦。”

导购：“你的皮肤这么差，那些价格低劣的保养品，肯定不能用。”

客户：“嗯。”

导购：“我们店的产品，肯定能让你的皮肤焕然一新，首先，它采用的是纯天然的原料，不含任何伤害肤质的成分；其次……”

客户："对不起，我今天还有点事，回头有时间再来吧。"

的确，喋喋不休、夸夸其谈是销售员在接近客户的过程中最容易犯的一个错误，同时也是销售的大忌。

最会说话的人永远是言简意赅的人，他们所说的那些最有效的话，往往简单明了、简洁有力；而那些最愚蠢的说话人常常因为过于复杂——想得复杂、说得复杂，让人一头雾水，才造成理解上的误会,沟通上的困难。

如果你花很长的时间才说到重点，更有甚者，讲到不知所云，即使听众尽力保持礼貌，眼神也会开始涣散。我们应该从伟大的沟通者身上多多学习。少说一点，听众就会多记住一点。当你真正做到简洁扼要，你的信息就会显得意味深长。它还表示你还有事情要忙，有人要见，有地方要赴约，简单更显得你讲的内容的珍贵，从而令你的气场强大。

语言表达的简洁，就是话语力求简练，不能啰嗦重复，不要说多余的话，它反映了量的要求；明晰，就是要把意思表达清楚，使对方准确理解其含义，它含有效果方面的要求。简洁明晰的语言表达，就是以最少的语言传递最多的信息。那么应该怎样将观点简洁明晰地表达出来呢？你需要注意以下几点：

1. 运用简练的词句、表达必要的信息，对于多余的信息就没必要表达

一些人在谈话时侃侃而谈、滔滔不绝，但其实只是絮絮叨叨，并没有说出关键点，让听者厌烦。

2. 谈话内容不可重复啰唆

应做到言简意赅、措辞精练，不说套话、空话和无用的口

头禅。

3. 要正确使用词语，表达明确

忌用那些令人难以理解的词语，能避免歧义和误解，说话不要吞吞吐吐，说一些似是而非的话，要一是一、二是二，把要表达的意思说清楚。

简洁明晰地表达观点可以使对方获得你话语中表达的准确信息，你在与他人沟通时要记住以下几个要点：简短的言语更有力；抓住所要表达观点的核心；言语表达有条理，分清层次；正确使用词汇，表达明确。

总之，言简意赅往往比喋喋不休更有说服力，也更有影响力。简洁明晰地表达出自己的观点让你更有气场。因此，我们在谈话时，应尽可能地用最清晰、简明的语言使对方获得想要知道的相关信息。

谈话原则5：打造良好印象

一个新闻系毕业的大学生忙着寻找工作。这天，他到某报社对总编说："你们需要一个编辑吗？""不需要！""那么记者呢？""不需要！""那么，你们一定需要这个东西。"说着从包中拿出小牌子，上面写着"额满，暂不雇用"。总编看了看牌子，微笑着点了点头，说："如果你愿意，可以来向我们广告部投递简历。"

这个大学生通过牌子良好地表达了自己的机智和乐观，给总编留下了良好的印象，引起其极大的兴趣，从而为自己赢得了一份满意的工作。可见，在人与人之间，谈话是否能顺利进行，是否能取得满意的结果，与在他人心中留下的主观印象是否良好有着密切的关系。

小王大学的专业是市场营销，毕业后，他找到了与专业对口的工作——某电器公司的市场专员。

小王是个我行我素的人，从大学时代起他就喜欢按照自己的想法做事，在穿衣打扮上也是如此，上班后，别人都是一身西装革履，而他却经常一件T恤衫就去上班，甚至总喜欢一件衣服穿到底。他到朋友家玩，朋友给他提出了十分中肯的意见："你长得挺帅的，为什么不找件干净衣服穿上呢？别人看着也舒服。"

这个年轻人不以为然，开玩笑地说："我才不在乎谁说我呢！我的朋友不会在乎，在乎这些的不是我的朋友！你可别指望我打扮给你看！"

而当朋友问："那如果你去推销产品，面对陌生的客户，你也这么穿？"

"当然，客户如果需要产品，自然会买；如果不需要，我打扮得再好，也不会买呀，他看上的又不是我！"小王很坚决地回答。但有一次，发生了这样一件事，对小王的打击很大：

这天，小王还和往常一样，来到某小区，敲开了一扇门，开门的是个阿姨，当小王道明自己的来意之后，对方就表明自己不需要。这个结果是小王料到的，倒也无所谓，但此时的他已经走累了，就准备在门口休息下，这时，主人已经关上门了。

这时，小王听到屋内传来拖鞋下楼的声音，然后有个女孩问："妈，刚那个来我们家的邋遢鬼是谁啊？"

"搞推销的，估计是骗子。"

听到这段对话，小王感到脸上火辣辣的，自尊心受到了严重伤害。回到家后，他第一次有意识地照了镜子，第一次认真地看到了镜子中那个邋遢的自己。

于是，他开始改变自己，开始和同事们一样穿西装、打领带，每天出门前照一下镜子，看看自己的形象是否干净、利落、专业，从那以后，小王变得精神多了，生意也好多了。

可能现实生活中，有很多和小王一样的年轻销售员，在个人装束上，喜欢我行我素。然而，从事销售这一行业，要想给客户留下良好的第一印象，一定要注意自己的形象，因为客户对你的印象好坏，直接决定了你们之间是否有可能做成生意，只有被人认可的形象才能令人产生较多的好感和信任感。

可见，要想在人际接触中被人接纳和肯定，那么就要给别人留下完美的印象，这在很大程度上影响着你谈话的结果。具体说来，我们该怎样打造良好的印象呢?

1. 注意穿着打扮，塑造美好的气质

对于很多人来说，良好的气质是给别人留下美好的第一印象的前提。因为引起别人关注的首先是视觉。

社交生活中，我们要充分展现自己在穿着打扮上的优势，将自己的气质塑造出来。当然，选择衣服的时候一定要选适合自己整体形象的，比如肥瘦长短要适合自己的身材，还要适合自己的整体形象。这样当你的穿着打扮到位了之后，你的美好气质自然就显露了出来。

2. 主动向对方打招呼

有些人在与人打交道时总是表现得过于羞涩、胆小，需要她表现的时候，扭扭捏捏，让人觉得矫揉造作，这样的人给别人留下极不好的印象。相反，大方自信的人往往更能赢得别人的喜欢和欣赏。尤其是第一次与人见面，你不妨大方一些，自信一些，让别人因为你的大方和自信而对你充满好感。

俗话说："一回生，二回熟。"对于初次见面的人来说，你主动开口，向对方打招呼，就能体现出自己的热情和对对方的重视，从而叩开交往的大门。如果你能用自信真诚的目光正视对方的眼睛，会给对方留下深刻的印象。

3. 找出与对方的"共同点"

人与人之间打交道，人们都有"求同"心理，人与人之间也往往因为一些沟通中的共同点紧密联系在一起。即使是初次见面，也会在无形中让他对你产生亲切感。一旦心理上的距离缩短了，双方就很容易推心置腹了。

4. 了解对方的兴趣、爱好

对初次见面的人，如果你能用心了解对方的兴趣、爱好并充分利用，就能缩短双方的心理距离，加深对方对你的好感。

例如，和年轻女孩谈减肥、星座，和孩子谈动画片等。即使是对自己不甚了解的人，也可以谈谈新闻、书籍等话题，这都能在短时间内给对方留下深刻的印象。

谈话原则6：故事法传达观点

生活中的人们，可能你也曾有这样的经历：孩童时代，我们常常会听着故事才能入睡；读书时代，我们常会为书中的故事而心驰神往；看电影时，我们会为电影情节中的感人故事而潸然泪下……我们都爱听故事，其实不只我们，我们的大脑也很喜欢故事。当我们试着去理解一件事情时，大脑会开始自我挑战，不断寻找建立连接和刺激的方法。我们喜欢一切有情节的东西，当看到一出好戏、一篇好的新闻，我们会产生情绪上的反应，这是大脑接受资讯后开始产生的刺激。

其实，讲故事是社会传递共有的价值观和理想的最古老的一种方式。好故事能够触动人的内心，并且吸引人们、教育人们。它激励人们向故事中描述的行为学习，指导行为之后的结果，其宣传、教育效果远高于长篇大论的说教和贴在墙上的标语口号。因此，会讲故事、讲好故事，已经成为人们训练说话能力的重要方面了。

的确，人们不会记得事实、数据、情况和统计数字，只会对好处和价值感兴趣。对情感动物传递好处和价值信息的最有效方法，便是充满感情地述说。而充满感情述说的最佳方式，就是讲述自己的故事。记住，讲道理不如讲故事，讲别人的故事不如讲自己的故事。

伟大的领袖人物都明白这一点，许多顶尖CEO今天也运用故事去阐明他们的观点、营销他们的看法。《谈话显信心》的作者布莱德·德哈文曾说过："信息只能讲述，故事则可销售。”你要通过讲述故事来推广这个生意，也要运用故事来表达你的观点，你也可以更为个性化地讲述自己的故事。

现在的刘明已经是某汽车品牌在某区域的销售经理了，他从刚开始的汽车销售员到现在，只不过用了短短两年的时间，而他的销售能力一直是有目共睹的。在现在每个季度公司的演讲大会上，在提到如何提升销售业绩的时候，刘明都会拿出自己当年做销售员时候的真实案例与大家分享。今年，他讲话的中心是“人际关系在销售过程中的重要性”。

他讲道：“很多同事问我，到底怎样才能把车卖出去，到底怎样才能在茫茫人海中找到客户？这里，每个人都有自己的方法，但作为我个人来讲，我发现，提到业绩，我就不得不想起我的这些朋友，在这里，我由衷地感谢他们。可能你们会问我为什么要这么说，你们还记得吗？当初刚来公司的时候，我的主要工作是推销汽车。那时，你们总是问我为什么工资总是不够花，那是因为：不是今天这个同学结婚送礼，就是明天那个朋友家里需要钱。但正是这些付出，才有今天的成就，正是这些朋友帮了我。有一次，我翻看了一下以前的业绩表，我发现，里面的客户大部分都是我的朋友，而剩下的也是我的朋友们介绍的客户。可以说，这些年，我现在的成就都是我这些朋友的功劳。我常常和那些销售新手说，与其在外面辛苦地寻找客户，还不如从身边的人开始挖掘，只要我们经常和这些朋友联系，同学有事要主动帮忙，多关心他们，那么，他们一定很乐意为我们的业务提供帮助。”

当刘明说完这些，台下响起了一阵阵热烈的掌声。

这里，已经升为领导的刘明在公司年会上发表讲话，对于如何提高销售业绩这一问题，他并没有长篇大论、阐述销售专业知识，而是告诉下属自己是如何做的，让下属们自己得出结论——重视人际关系，将有助于提升销售业绩。

那么，具体来说，我们该如何以身作则，讲自己的故事呢？

1. 明确告诉听众你的态度

举个很简单的例子，开会时，如果没有一个强硬的反对者，你只要轻松地说一声："已经决定好了。"事情就可以顺理成章地决定了。"已经决定好了"这句话就是一种"提前暗示"。尤其对那些没有明确想法，头脑像白纸一样的人，要让他们赞成自己，"提前暗示"是极其有力的武器。

据说，有一位物流公司的老总，他是个很擅长利用人的潜在心理的人，可以说他是一位非常卓越的心理诱导者。他在每一次会议开始时，就先提出大纲，然后告诉职员们："这是我的意见，剩下的就让你们自己去讨论了。"说完他就开始打瞌睡，让开会的职员们自己去讨论，直到归纳出结论时，他才又发言说："那么大家就努力朝这个方向前进吧！"

等他讲完，会议就结束了。

这样做的目的是使职员们认为，事情好像是他们自己决定的，他们会有一种成就感，而职员们归纳出来的结论，事实上就是按照老板所提出的大纲讨论出来的。这一结论正是在老板的暗示下得出的。

因此，我们在讲话的时候，若希望听众接受并按照你的意图执行，你就可以事先告诉听者你的态度以进行暗示。

2. 以激励代替命令

一些人会对听者说："你必须……"或者"你最好……"而实际上，人类对于一些命令式的工作都缺乏干劲，主要是由于人的潜在心理中，没有一股强烈的"达到欲望"。而当这种强烈的欲望起作用时，人本能地就会想办法促使这项工作完成。聪明的人则会说："如果是我……这样的话就比较简单了。"对方得到这种潜在的激励后，自然会使出浑身解数，完成目标。

谈话原则7：信念就是一切

我们都知道，日常生活中，我们常被要求说话时尽量做到客观、公正，只有这样，才能深得对方的信服。然而，要想真正打动他人，还必须要在谈话中融入我们的信念，这样才能带动听者的情绪，让听者接纳我们的意见，而这就是高难度谈话的重要原则之一：信念就是一切。

比如，你要和对方谈一笔生意，如果你连自己所做的事情都不相信，就不可能成功。信念是不可以"模棱两可"的，你只会"有"或者"没有"，你对这个生意的理解，将会成为你的钻石演讲词，你对这个生意的理解越深，你鼓舞人心的影响力就越大。

人际关系大师林肯总统说过："假如你希望别人认同你的立场，必须先让他相信你是他的朋友。"那么，在谈话中，我们该如何展现出自己的信念呢？

1. 谈你最熟悉和拿得出手的话题

无论是讲故事，还是其他方式的讲话，人人都希望能调动听者的兴趣，但并不是只要我们愿意去谈，就一定能让听者感兴趣。举个简单的例子，如果你是主张自己动手的人，你自己也是这么做的，那么，你可以向听众谈谈洗盘子。但实际上，假如你一点也不愿意这样做，你能确定自己一定能把这个话题说好吗？但是，我们可以确定的是，作为一个家的主管——家庭主妇们却能把这个问题说得很精彩，她们每天有洗不完的盘子，她们总希望能找到新的方法来代替自己去做这个工作，她们也可能很恼火为什么自己要洗盘子，但无论怎样，她们对这一题材绝对更有发言权，也更来劲，所以，她们可以就洗盘子的题目说得头头是道。

2. 满怀信念地陈述重点

任何形式的谈话中，你都需要明确你说话的重点，因此我们应该十分有信心而且有力度地讲出来，就好像一篇文章的标题都会很突出一样，你对听者提出的行动的请求也应该直接强调出来，要让听众对你的请求产生难以忘记的印象，不要带着不确定或者无信心的态度来提出你的请求。

3. 投入你的讲述中

福胜・J.辛主教是美国最有权威的演讲家之一。在他的《此生不虚》一书里有这样的片段：

“我有幸被选中成为学院辩论队的一员，有一次，我们要参加一场重要的辩论，就在辩论的前一天晚上，我被我们的辩论教授叫到了他的办公室内，然后我就被训斥了一顿。

“‘你就是个名副其实的饭桶！自从我们学院创办以来，还没见过你这么糟糕的演讲者！’

“‘那，’我说，我想为自己辩护，‘我既是这样的饭桶，为什么还要我进入辩论队？’

“‘因为你会思想，而不是因为你会演讲，去，到那边去，把演讲稿中的一段抽出来，然后再讲一遍。’于是，我按照教授的话，把一段话反反复复地讲了一个钟头，然后他问我：‘看出其中的错误了吧？’‘没有。’于是，接下来，又是一个半钟头，最后，我实在没力气了，教授问：‘还看不出错在哪里吗？’

“过了这两个半小时，我找到了问题的关键。我说：‘现在我知道了，我的演讲没有诚意，我只是纯粹地背诵演讲词，我心不在焉，没有表达自己的情感。’”

经过这一件事，福胜 · J.辛主教学得了永生难忘的一课：要让自己沉浸在讲演中。此后，他开始对自己演讲的题材热衷起来，后来，博学的教授才说：“现在，你可以讲了！”

4. 多说说你自己的事

在卡耐基的训练班上，有学员称自己做什么都没劲、生活简单乏味，此时，训练班的教师便问他们，在业余时间都有什么爱好，有人说自己去打保龄球，有人则说喜欢去看电影，也有人说自己喜欢种玫瑰。其中有一位学员的爱好有些特别——收集火柴盒，当老师问起他这个特别的爱好时，他逐渐有了说话的精神，并且，他还指手画脚地描述起自己收集火柴盒的小房间来，他说，几乎全世界的火柴盒他都有收藏，等他的话匣子被打开后，老师反过来问他："既然如此，为什么不跟大家聊聊这个话题呢？我觉得很有趣。"他惊讶极了，表示怎么还有人对这个话题感兴趣！原来，这名学员耗费了半生的心血、孜孜以求的嗜好，甚至几乎达到了狂热的地步，他自身却否定了它的价值，认为别人不一定喜欢这一话题。那天晚上，他俨然一副收藏家的态度去谈论火柴盒。再后来，卡耐基听说他还去参加了各种俱乐部，演讲有关收集火柴盒的话题，因此被很多地方人士推崇。

的确，我们生活中的每个人都有一些不平凡的经验，这是不需要我们煞费苦心地搜寻的，而我们自身的行为也就是受到这些经验的引导，我们将这些事件重新串联和组织起来，我们就能以此来影响别人，对于我们任何人来说，这一点都不难做到。一般情况下，人们对字句的反应和对真实事件的反应是不会存在太大差异的，为此，我们在讲述具体事实的时候，一定要把其中自己曾有经验的部分进行再造，巧妙引导听众产生与自己原先相同或者相近的反应或者感受，让你的经验变得更戏剧化，就能让它听起来更有意思，也会更有力量。

总之，我们任何人，对于任何形式的谈话，都要明白一点原则：信念大于一切，只有坚信自己所说的，别人才会相信你。

第06章

谈话要逻辑缜密，才能将话说得滴水不漏

生活中，我们与人谈话，实际上就是信息的传达、接收与反馈的过程。然而，我们要想让对方听明白，并接纳我们的观点，就要注意谈话的逻辑，尤其是要做到思维缜密、主次分明，这样才能将话说得滴水不漏，否则，即使再华丽的语言，也只能是舍本求末。

小心谨慎，言语滴水不漏

现代社会，在很多领域，我们都需要与人谈话来解决问题，但成功达成谈话目的并不是一件易事，首先就要求我们在谈话时做到冷静处理、开口谨慎，因为说错一句话，都可能带来巨大的损失。

实际上，尤其是在那些有利益争夺的谈话情况下，谁主动暴露自己，谁就先偃旗息鼓而败退，要想克敌制胜，就必须让对方摸不清虚实，但很多时候，对方会采取一些扰乱你情绪或者试探你“底牌”的方法。此时，你一定要小心谨慎，泰山崩于前而面不改色，在无法了解你的真实意向的情况下，他们往往不会轻举妄动，否则，你就被对方“算计”了。

吴先生是一家工厂的老板，最近，他的生意做得不错，在为自己购置了新的房产的同时，他还准备买一台新车，于是，他就必须把自己那部旧的老爷车处理掉。他在心中打定主意，在出售这部旧车的时候，卖价一定不能低于三万元。之后，有一个买主前来看车，在双方谈判交易金额时，买主便对这部旧车的各种问题，滔滔不绝地讲了很多缺点，但是张老板始终一言不发，任凭买家不停地发言。

结果到了最后，买主终于停止了批评，突然说了一句话：“这部旧车我最多只能出价5万元，再多的话，我就不要了。”于是，张老板很幸运地多赚了整整2万元。

案例中，吴先生为什么能幸运地多赚取整整2万元？人们常说：“沉默是金”，双方交涉中，他保持沉默，始终一言不发，那么，无论买家怎么贬低这部旧车，也摸不着他的底细。可以说，他的冷静起到了决定性作用。

可见，在高难度的谈话场合，我们一定要言谈谨慎。如果缺少了冷静，就会被凝重的气氛和压力击垮，也就不可能获得成功。所以我们说，冷静是谈话中的上策。

而为了达到这一目的，我们就必须做到具有健康稳定的心理，并且善于察言观色，以了解对方的心理。具体说来，我们在谈话时候需要做到：

1. 细心观察对方

任何形式的谈话中，你都必须具备一定的观察能力。只有这样，你才能发现对手是否在试探你。否则，如果不注意观察，我们输给了别人你还蒙在鼓里。一般来说，具备敏锐的洞察能力的人，无论是日常谈话还是谈判，多半会轻松简便得多！当然，谈话过程中的观察，无外乎针对对方的眼神、动作及语言！

2. 说话保持客观公正的态度，尽量隐藏好自己的目的和动机

一般来说，我们若想在谈话中获得成功，就必须要探知对手的内心世界，从而攻破对方的心理堡垒，但无论使用什么方法，一定不要让他知道你的企图，因此，在说话时，你要保持公正客观的态度。一般来说，你探知对方的企图越明显，他越会觉得你“图谋不轨”，觉得你要刻意影响他；相反，如果你

无意中说一句话，假装不在意地提问，他反而会没有心理阻抗，他也不会认真地琢磨你说的话，因为他觉得你没有操纵他的意图，如果他的想法被你猜中，那么，他将会“中招”，将自己的真实意图脱口而出。

3. 面对难以回答的问题，找个借口

在谈话的白热化阶段，如果对方逼你表态，而你无法做出抉择，你就可以大胆坦言：“我还需要仔细考虑，请给我一点时间。”这样，你不仅可以省去许多麻烦，也是提高冷静应对能力的重要手段。

而从逻辑上讲，这也是高难度谈话的战术之一。当然，你向对方表明此刻无法做出决定，需要辅之以不能决定的理由。只要言之成理，大多会得到对方的谅解。即使当时没有得到对方的谅解，也向对方表明了自己不是一个态度暧昧、优柔寡断的人。这个时候，自己在谈话中就会处于相对主动的位置上。

实际上，在很多情况下，谈话本身就是一场心理较量，任何一方都希望成功窥探出对方的心理，因此，若想获得成功，你就必须控制自己的情绪，制造神秘感，并在说话时保持谨慎，不让对方看出你的破绽。只有这样，才能保留自己的实力，让对方探不清你的虚实，待时而发，在关键时刻一举取得胜利！

思维缜密，说话才能随机应变

在日常沟通中，同样是说话，有的人由于词不达意而处处碰壁，而有的人因口吐莲花而左右逢源。这是为什么呢？其实这就是思维的缜密性，前者缺乏逻辑思维，言语不够缜密，经常被他人抓住“把柄”；后者言语谨慎小心，把话说得滴水不漏。在语言沟通中，无论是赞美他人，还是批评他人，我们都应该谨慎使用言语，把话说得滴水不漏，不给对方反驳的机会，不让对方有空子可钻，以缜密言语来影响他人心理。

可是，在现实生活中，许多人不经过大脑思考就脱口而出，常常会因为言语中出现的漏洞而被对方反将一军，或者自己自作聪明地认为自己掌握了话语主动权，但是，却在无意之间就让对方抓住了“把柄”，最终只能以惨败收场。所以，我们不仅要善于言辞，更要会说话，努力把话说得滴水不漏，不让对方抓住“把柄”。

暑假期间，火车上十分拥挤。

一位年轻姑娘中途上车，见两张对面坐席上坐着三个年轻人，而边座正好空着，就走了过去问：“同志，这儿没人吧？”对方回答：“没有。”年轻姑娘于是放下东西，准备就座。

不料，一个男青年竟突然把腿放到了坐席上。

姑娘一愣，问：“你这是为什么？”“因为你不会说话。”那个男青年故意刁难，“那么，请问该怎么说？”姑娘好意请教，对方眯起眼睛装腔作势地说：“看来你是井里的青蛙，没见过多大的天地。让大哥告诉你。你得这样说：‘大哥。这有人吗？小妹我坐这可以吗’哈哈哈……”说完，肆无忌惮地狂笑起来。

姑娘脸上一阵发烧，心里很生气，但转念一想：“不对，有道是兵来将挡，水来土掩。你耍滑嘴，我难道没口才不成？”于是姑娘说：“听你这一说，我确实没有见过你们这种独特的‘礼貌’方式。不过，你们既然见过世面，又有自己独特的‘礼貌’方式，见了我，就应按你们的‘礼貌’方式办事才对。”“你说怎么办？”男青年不解地问，“那还不容易？看见我来了，就该起身肃立，躬身致礼，说：‘大姐，这儿没人，小弟请你赏脸，坐这可以吗？’咳，可惜呀，你连自己的‘礼貌’信条都做不到，还想教训别人，真是土里的蚯蚓，一点蓝天都没见过！”

男青年自作聪明地擅自卖弄口舌，没想到一番唇枪舌剑之后，他话语中的把柄却被姑娘抓个正着。最后，姑娘短短几句话，就反击了男青年的“谬论”，语气中透露了讥讽之意。出现这样的结果，就在于男青年没有使用缜密的语言，想到什么就说什么，最终败在自己的言语陷阱里。

有时候，沟通就是一场语言的战争，谁先露出了破绽，谁就先输了。因此，我们在沟通过程中，语言不仅可以为我们传情达意，而且还能够成为自己的防卫“武器”。一旦言语中有了“空子”，就给对方提供了反驳的机会，最后就有可能被对方抓住把柄。

所以，为了打赢“语言”这场战役，我们需要谨慎使用一字一句，尽量慎言密语，为自己筑起坚固的心理防卫，不让对方抓到把柄，牢牢把握“胜利”的机会。为此，我们需要记住两点说话原则：

1. 开口前先三思

俗话说：“三思而后行。”说话也一样，语言经过了大脑的思考才更有说服力，而且，也能经得起对方的“检验”。所以，无论是在什么场合，面对什么人，我们都需要“三思而后说”，嘴边留个把门的，这样的言语才会显得缜密、谨慎。

2. 懂得随机应变

面对对方咄咄逼人的问题，有可能你会乱了阵脚，于是，那些不该说的就脱口而出。在这样的情况下，对方有可能会从你的话语中抓住把柄，并且伺机通过言语攻击你。因此，在面对别人的提问时，我们要懂得随机应变，把回答的话说得滴水不漏，让对方找不到把柄。

如何提高谈话的逻辑性

现代社会，无论是工作还是生活中，我们都经常需要与人谈话，但很多时候谈话都是无效或者效果不佳的。实际上，说话不难，把话说得有条不紊、条理清晰，就要注重逻辑思维，先说什么，再说什么，最后说什么，要做到心中有数。那么如何提高谈话的逻辑性，就显得异常重要。实际上，任何能力的获得都需要一个不断训练的过程，要想获得好的语言表达能力，需要我们做到：

1. 培养抽象思维

逻辑性与抽象思维能力是相辅相成的，一般来说，一个人在说话时的逻辑性与其受教育程度也是相关的，受教育程度越高，接触到的知识越趋于抽象，对于逻辑和复杂概念的把握能力越强，说话表达的逻辑性就会越强。

2. 拓宽视野和思维维度

说话缺少逻辑的人，往往注意力非常狭窄。他们读一段文章、听一句话，注意力就只会被限制于这句话和这段文章中，也只会回应他们看到的某个或某些细节。而说话有逻辑，首先就必须要克服这一点，要拓宽自己的注意力广度，在时间和逻辑的维度上都能够广泛关注前后所有的内容，而不只是此时此刻听到的内容。

比如一个人正在和你讲他单位的某个同事，你听到的主要都是对于这个同事的描述，比如当下你听到评论说这个同事比较小心眼，不太豁达。此时你不光需要关注这个描述，也需要看看过去的几分钟时间里，除了小心眼还有哪些描述出现，他们之间的关联是什么，接下来又有可能出现哪些描述，这是时间维度上的拓宽。

同时你也可以去关注小心眼这个描述是否是一个准确的描述，这个人用小心眼这个词是否是他的真实意思，是否有其他动机，这个描述可能对两人关系带来什么样的影响等，这是逻辑维度上的拓宽。

3. 平时多阅读

阅读是一个吸收抽象知识的过程，更是提升思维能力的过程，尤其是那些哲学书籍，要求你运用抽象思维。虽然没什么趣味性，但是是必要的提升方式。

遇到抽象思维较多的书，一定要慢慢读、精读，甚至时不时地回顾已读过的章节，重新整理自己的理解。有逻辑的阅读，是能够一边阅读，一边在大脑中整理出作者表达意思的大框架出来。

4. 多动笔，注重书面表达

人的表达能力的提升需要不断训练，在自己思维不清晰、语言表达能力不足的情况下，可以先从书面表达开始练习，书面表达可以给予你充足的时间思考，让你仔细琢磨用词和逻辑严密性。你的书面表达可以是有目的性的写作，比如读书笔记类的评论，或者对问题的分析，也可以是一般性的对自己生活体验和见闻的总结。

5. 多参加辩论比赛

这是对提升语言能力和逻辑思维逻辑能力的很重要的进阶方式之一，在正式参加比赛之前，你可以看看辩论比赛。一方面赛前的准备工作就是一个梳理自己逻辑和组织语言的过程，另一方面临场的时间压力也可以提升你的反应速度和信心。

6. 少说多听

说话有逻辑的人，不见得一定要时刻话都很多反应很快。说话有逻辑和反应速度并没有必然联系，所以如果你自己是一个反应速度不太快的人，也不要因此觉得自己就没法有逻辑地表达。

另外善于聆听，也能够让你有很多机会去观察他人讲话的逻辑，并且去尝试模仿。一边听，一边在心里默默列出对方表达的主要意思，按顺序排列，甚至可以尝试在表述完之后把听到的东西总结陈述出来。

7. 对事物多角度观察和分析

我们对于任何一个问题的探究，都不要只满足于当下的一个单一角度，比如我们所接触的心理学科，有发展、人格、行为、感知、神经等等很多的研究方向，所以任何一个单一的问题，都可以找到很多不同的理解角度。

如果你能养成习惯，对于事物的观察分析也都可以运用至少两个角度来分析，并且能够区分不同角度之间的优势与劣势，那么你就能够更好地认识事物多面性、世界多样化的本质，也能够避免自己因为单一逻辑带来偏颇和局限。

当然，无论哪一种方法，最重要的还是要多练习。毕竟，没有人天生就善于有逻辑地表达。善于不善于，看的主要是经验积累。一个很少说话的人即使很有逻辑，也未必能表达得很清楚。一个经常说话的人，就算没什么逻辑，他说的话听上去也相对比较顺畅流利。

注意表达方式，是高难度谈话的基础

语言最重要的价值是为了表达某种意思，传递某种信息。而口才的最大价值就是既要让自己的态度和感情做到准确地表达，又给听者的心理上带来愉快和欢悦。在和别人谈话的过程中，如何表达个人的意见和态度已经成为最重要的社交研究课题。有很多人，并不是薄情寡义，也不是心胸险恶，但是在和别人的交谈中会经常面临处处碰壁的悲惨下场。这和说话方式是有着很大关系的。错误的表达方式，必然会导致让人不快的结果。

在交谈中，很多人都喜欢直接提出个人的思想和观点，而实际上，这种最直接的说话方式却是效率最低的。有时候不仅无法正确达到我们想要的结果，还会引起别人的误解和愤怒。这就要求我们在交际场合中，学会用心说话，注意表达方式，在无法证明所提出观点的情况下，找到更为恰当的策略。

比如，有一对夫妻就是这样对话的：

有一个妻子准备为丈夫买一件衣服，但是又怕丈夫不同意。就对丈夫说："咱们的女儿就快要举行开学典礼了，可是孩子的衣服大部分都旧了，是不是应该去服装店里买上几件呀？"

丈夫听了之后，觉得妻子的话讲得句句在理，就很爽快地答应了，说："开学典礼不是一件小事，咱们应该好好对待。孩子穿什么样的衣服由你决定好了。"

妻子又说："你还是没有听明白我的意思，我说的并不仅是孩子的问题。"

"不就是女儿参加开学典礼的衣服吗？这个事你自己决定不就是了吗？"

"我知道。但是，孩子的开学典礼我也必须参加，我总该为自己准备一件衣服吧？你还是帮我参考一下吧。"

丈夫显得有些不耐烦了："你自己穿什么衣服还用问我

吗，自己决定不就行了？”

妻子解释说：“我整天在家里待着，都几乎忘记怎么样选择衣服了。你还是帮我去看看哪一件合身吧。”

“哎，真拿你没办法，好吧！”丈夫不情愿地陪妻子来到衣橱前。

妻子一边挑选一边说：“哪一件好看呢？虽然衣服不少，但好像全部都过时了，你不觉得这些衣服的样式都太老气了吗？”

“是吗？我怎么不觉得？”丈夫敷衍着说。

“你看嘛，这件虽然是去年才买的，而且颜色、式样都不错，但现在已没人穿这种衣服了。再说这一件吧，这是去年秋天买的，但现在已经不流行这种款式了！难道你没有发觉吗？”妻子问道。

“嗯，听你这么一说，我好像也觉得过时了。”

“那么，在给孩子买衣服的时候也该给我置办一件了，你说是吗？”

“你说我再买一件好吗？再买一件……”

“真拿你没办法，你自己决定好了。”丈夫表示同意。

妻子就乘胜追击，对丈夫说：“其实你也该打扮打扮了，经常穿着同一件衣服，显得很没面子。这次我还是帮你买一件衬衫吧！”

在日常生活中，总有一些不好直接提出来的话题，在这个时候我们就需要暂时地抛开这些让人心里有些不舒服的话题，从另外的角度谈起，在双方进行交谈的时候，想办法一步步地朝着你想要的内容去过渡。有了一个缓冲带之后，对方就会比较容易接受一些平时比较敏感的话题，和你进行愉快的交谈。

《战略术》一书说："无论是在政治、经济还是国际关系中，迂回战术都明显比直接攻击高出一筹。因为直接攻击只会激怒敌方，从而引起更加强大的反抗。迂回则不同，它是以间接的、不知不觉的方法使形势转变到有利于自己的一方。在商业竞争中，讨价还价也比直接求购强得多。"在交际场合，我们同样需要用迂回战术来表达个人的建议，获得别人的认同。只有懂得绕弯子，才会在办事的过程中少碰钉子。

语言的表达方式多种多样，为此，要想为谈话带来好的结果，就要注意自己的表达方式是否合适，毕竟很多情况下，太过直接的话，对方接受起来更有难度。

谈话别把话说死，要留有余地

世事沉浮，变化无常，很多的改变是我们无法预料的。在我们与别人进行交谈和做出承诺的时候，需要注意，万万不可把话说得太绝，没有回旋的余地，从而给双方带来一些巨大的伤害。把话说得太绝，是幼稚的表现，会让思维和言行朝着一个方向发展而不知转弯，从而走向极端。一个真正成熟的人，应该在每一个不同的发展过程中冷静地处理问题，从各个方面进行考虑，说出的每一句话能够有一个回旋的余地。

俗话说“水满必溢”，一个人的言谈和向杯子中倒水是一个道理。太满就会溢出来，造成一些不必要的麻烦。凡事都会出现意外，事情的变化我们又无法做到完全掌握，因此话就不能说得太满，免得没有容纳意外的空间。

三国时期蜀国大将关羽，有着万夫不当之勇。华雄、颜良、文丑等有名的战将都死于他手下，在曹营中，他为了前往刘备的驻地，过五关斩六将，所向披靡，使人闻风丧胆。别人形容他说：“百万军中取上将之首，如探囊取物耳”，但也因为此，关羽也就有了骄傲自大、目中无人的毛病，认为自己已经天下无敌。

后来，刘备成为汉中王，封关、张、赵、马、黄为“五虎上将”，其中关羽居首位，但关羽听说黄忠竟然也在五虎上将之列，认为丢了自己的面子，气冲冲地说：“黄忠何等人，敢与吾同列，大丈夫终不与老卒为伍！”好在，黄忠性格温厚，没有和他一般见识。

后来，关羽负责驻守荆州，与孙权成为邻居。孙权为了改善双方的关系，就派诸葛瑾前去提亲，想让孙权的儿子和关羽的女儿成为夫妻。这样就可以“结两家之好”，“并力破曹”，巩固吴蜀的政治联盟。谁知道关羽素来瞧不起孙权，听到诸葛瑾的话，竟然大怒，骂道：“吾虎女安肯嫁犬子乎？”这一番话，让本来亲上加亲的事，反而成了仇敌。

孙权听说之后，火冒三丈，他下决心一定要除掉这个目中无人的家伙，没多久，就派吕蒙攻下荆州，关羽败走白城，最终身首异处。

子曰：“乱之所生也，则言语以为阶。君不密则失臣，臣不密则失身，几事不密则害成。是以君子缜密而不出也。”关羽的大舌头给自己带来了悲惨的结局，最终也让刘备兴复汉室的愿望因为失去了荆州这一兵家必争之地而夭折。如果关羽在对待东吴的问题上，语言能够谦和一些的话，绝不会让孙刘联盟破裂，说不定三国的历史还要重新改写。

古人一再告诫我们说话要注意分寸，反对不留余地的言论。比如给朋友帮忙的时候，可以说尽力而为，但是不能大包大揽乱拍胸脯，免得到时候无法兑现诺言，惹得双方都不愉快。“轻诺寡信”，轻易做出承诺的人，为人的可信度就自然降低。给自己留有余地，从而在任何时候都能够从容地对待发生的一切，才是智者的行为。无论是在朋友圈还是交际场，道理都是一样的。说话掌握分寸，才不会招致别人的记恨，自己也能有一个好的生存空间。

小张是列车上的产品推销员，她这次推销的是一种新产品——螺旋状的袜子。为了表明这种袜子的透气性，小张随手拿起一只袜子，对乘客们说：“来帮帮忙，拿住袜子一端，使劲儿拉。”说着，她就和一位乘客对拉起来，袜子的韧性的确很好。

接着，小张又随手拿起一根长长的针，在拉得绷直的袜子上来回划动，袜子也没有损伤，说：“看一看，这种袜子不易抽丝。”紧接着她又拿起打火机，在袜子下面晃动，而袜子也未受到损伤。

在小张一番介绍之后，袜子在乘客手中传看。一位乘客有意地拿起针，只是一划就在袜子上划了一个洞，原来如果顺着纹理划不易划破，并不是划不破。另一位顾客要用打火机烧，急得小张赶忙补充说："袜子并不是烧不着，我只是证明它的透气性好。"最后大家终于明白怎么回事，但却没有乘客再买袜子了。

小张的遭遇告诉我们，在谈话时，尽管是绝对有把握的事，也不要把话说得过于绝对，不留余地，这样容易引起他人的挑刺。与其给别人一个挑刺的借口，不如把话说得委婉一点。同时，如果不把话说得绝对，还可以为自己赢得在更为广阔的空间与对方交流的机会。

其实，生活中出现的许多尴尬，源于个人不加思考的言行。如果把话说得太绝，就难免会和发展的事实产生巨大的偏差，最终也会很容易给自己带来灾难。我们在说话的时候应该考虑一下日后事态的变化，尽最大努力给自己留有一定的后路。

智慧的人懂得说话掌握分寸，从不会信口开河，以免带来日后的尴尬。我们在谈话的过程中也应该学会给自己留有余地，只有这样才能取得事业上的成功和朋友们的尊重和信任。

谨言慎行，说话要掌握分寸和火候

现实生活中，我们常说做人要有分寸感，这就是度的把握，其实语言何尝不是如此呢？在与人交谈的过程中，我们若希望自己达成谈话目的，很大程度上取决于你说话的“度”的把握，中国有句古话叫作“说者无心，听者有意”，大概就是这一含义，你明明只是无心地说了一句话，却“有意”地伤害到了别人。轻则引起对方的反感，重则给自己引来灾祸。可见，说话是要注意分寸的。尤其是与陌生人说话，因为彼此不了解，如果不谨言慎行，很容易让对方产生不快的情绪。而从另一个角度说，与人说话，尤其是与陌生人说话，是要讲究水平的。让对方觉得你是得体的人，才会让对方从心底产生继续与你交往的意愿。

小刘在一家软件公司从事销售工作，在一次销售大会上，同事小李谈了一些自己对当前软件销售前景的看法，并提了一些具体的建议，而这些建议与小刘一向采取的销售策略和主张都是截然不同的，小刘自然很生气。心直口快的小刘丝毫不隐瞒自己的观点，在会上慷慨激昂地进行反驳，以他对市场调查得来的第一手资料，说得小李面红耳赤，哑口无言。

事后，小李一直怀恨在心，慢慢地，他把小刘当成由以前的好朋友变成敌人，奇怪的是，小李也真神通广大。后来领导一纸调令，小刘被“流放”到仓库去当管理员了。

这次会上，小刘为逞一时之快，实话实说，否定了小李的观点，让小李丢了颜面，结果导致的结果是小李经常在领导面前说他心高气傲、目中无人，小刘被流放的“命运”也就不足为奇。

通过上面的故事，我们可以得知，如果你想在社交场合中成为一个有说服力的人，就必须时刻提醒自己不要犯无心伤人的错误。而要做到这一点，你应该知道以下两点：

1. 谈话的禁忌

我们要想在陌生人心里建立起良好的口碑，赢得好人缘，你必须知道下面几个谈话的禁忌，从而在谈话中避开这些暗礁：

（1）别把自己隐私拿出来大谈特谈。虽然说在与人交往时，适当的自我暴露可以拉近与对方的距离，但你的话题一直围绕着自己的隐私，就会引起对方反感，觉得你是一个没有分寸的人。

（2）不要询问别人的隐私。要记住："男不问收入，女不问年龄"是交往过程中的大忌讳。如果你在和陌生人谈话时问起这些，那么，你需要动一个"大手术"，因为问这些问题是无知和没分寸的表现。

（3）别总盯着别人的健康状况。有严重疾病的人，如癌症、肝炎等，通常不希望自己成为谈话的焦点对象。不要做个大嘴巴，对初次见面的人说："听别人说，您一直在治疗肝病，是吗？"这样你会成为对方最想痛揍的人。

（4）让争议性的话题消失。除非你很清楚对方立场，否则应避免谈到具有争论性的敏感话题，如宗教、政治、党派等容易引起双方抬杠或对立僵持的话题。

（5）不要随便评价别人。如果你实在忍不住要谈论谣言，去找你最贴心的朋友，不要拉着一个陌生人让他听你絮叨他完全不感兴趣的东西。没有人愿意与一个造谣生事的人交往。

以上列出的忌讳，完全值得我们重视，哪怕只是偶尔犯这样的错误，对方也会以为你是个没有分寸的人。那么，我们又该怎样注意与陌生人说话的分寸呢？

2. 掌握说话的分寸

要让说话不失分寸，除了提高自己的文化素养和思想修养外，还必须注意以下几点：

（1）维护别人的自尊心。每个人都是有自尊的。那些有某些显而易见的缺陷的人，自尊心反而会更坚强。所以，说话时，一定要留意对方的敏感点，比如对方身材矮小，你就最好不要在谈话中提起身高的问题等。你避开这个话题，会让对方觉得你是个识大体的人，进而对你多了一份尊重。

（2）客观才能得人心。这里说的客观，就是尊重事实，实事求是地反映客观实际，应视场合、对象而变，注意表达方式。没有人喜欢与那些首次交往就主观臆测、信口开河的人交往。

（3）不要让自己过于兴奋。与陌生人说话，我们提倡的待人接物方式以热情温和为佳，态度保持宠辱不惊，切勿太过兴奋，以至于口不择言，伤害他人。

（4）注意语言的地域差异。不同地域存在不同的文化差异，在某些人看来是很平常的说话方式却很可能会影响到对方的情绪。因此，我们与陌生人说话的时候，最好仔细思量，用普通话和对方交流。

（5）善意很重要。所谓善意，也就是与人为善。说话的目的，就是要让对方了解自己的思想和感情。俗话说："良言一句三冬暖，恶语伤人六月寒。"在人际交往中，如果把握好这个分寸，那么，你也就掌握了礼貌说话的真谛。

因此，我们要把握好谈话的分寸，管住自己的舌头，知道什么该说，什么不该说，该说的时候说得恰到好处，你才会真正成为一个掌握谈话技巧的人。

尖锐的问题，以模糊语言避开

生活中，我们常说别人说话“装糊涂”，我们对此可能持否定态度，但其实这也是一种重要的谈话技巧，尤其是在一些不必要或者不可能把话讲得过于清楚的情况下，完全可以运用这种表达方式，既避免了紧张的气氛，又让自己得以解脱，同时还不会给别人带来负面的心理影响。

所谓模糊语言法，就是用模糊语言来应对他人的谈话，这种方法从表面上看是对谈话者有了交代，但在实际上却没有任何的信息和价值，从而达到委婉应答的目的。

的确，在现实生活中，有很多的事情会在没有思想准备的情况下发生，也有很多的问题会让自己感到左右为难。在这种情况下，如果选择沉默或者拒绝，不免会给交际双方带来不好的影响，也会让自己在别人心中的印象大打折扣。在这种时候，我们不妨用模糊的语言来作出回答。

避开实质性的问题，故意用模棱两可的语言作出具有弹性的回答，既无懈可击，又达到了在重要问题上拒绝作出答复的目的，这种方式比直接说“不”，会显得一个人更有智慧、更有风度。

生活中，面对一些不好回答的问题，我们也可以运用这一方法，比如，当别人问你“月薪是多少”的时候，你不妨说“聊以糊口罢了”；如果有人问你是怎样结识一个大人物的时候，你不妨说：“这是个很复杂的过程，等以后有时间了，我再详细地告诉你”；当别人打听到你父亲的朋友就是你所在公司的领导时，故意问你“你在这家公司应该不错吧？”你可以说“全托您的福”等。这些回答既显示出了你的热情，又能巧妙地躲避掉那些不愿意回答的问题。

模糊的语言可以作为一种缓兵之计，当别人问你一些没办法回答的问题的时候，如果委婉拒绝不能起效的话，你就应该用一些模糊的语言来搪塞一下，这样既可以让自己从麻烦中摆脱出来，又能够不伤及对方的面子。一个聪明的人，在敏感话题上从来不言之凿凿，也不会生硬拒绝，而是懂得用一些模糊的语言来保全双方的面子，从而既为自己留了一条后路，又避免了一些不必要的纠纷。

模糊语言的表达形式是多种多样的，比如闪烁其词、答非所问、避重就轻，等等。但归根结底就是不要把话说得太死，给自己的语言留有余地，也在给对方留足颜面时对以后的交往存在更大的兴趣。

那么，我们在谈话的时候，该如何运用模糊语言法来应变呢？

1. 委婉含蓄法

对于不便于直接回答的问题，采用曲折的形式回答叫委婉含蓄法。

例如，一位曾经犯过错误的干部在工资调整中未得到涨薪。他气势汹汹地跑去找有关领导质问，这个领导轻轻地回答说："我在会上念了这次升级的规定，你自己应该清楚不能升级的原因啊！"这位干部顿时满面通红，羞愧交加地走了。试想如果这位领导直接地说："这是因为你犯了错误的原因啊！"这种回答势必会伤害这位干部的自尊心，收不到好的效果。同样，谈判中，对于对手提出的某些问题，领导干部如果觉得你不便直接回答，那么，也可以采取这种回答方式，既不伤感情，又态度明朗，能起到一箭双雕的作用。

2. 答非所问法

所谓答非所问法是指领导干部对对手提出的问题不便或不愿意回答，则回答其他的问题，将问话者所提的问题故意引开。这在特定的场合中也是一种非常必要的答话技巧。

3. 反弹法

某些不宜或不愿回答的问题，可用语言反弹回去。可以巧设二难，从提问变为被问，由主动变为被动，使对方无言以对。

总之，有很多的敏感性话题让我们无法做到坦诚布公地回答，但是又因为考虑到双方的颜面而又不愿意做出生硬的拒绝，那么就要在说话中讲究一些策略，用模糊的语言回答别人无心或存心的话题，做到既有力度又不伤人，这样的谈话方式就会让你的口才能力上升到一个新的台阶。

第07章

拒绝重复啰唆，说话越简明越好

现代社会，无论你从事什么工作、处于什么样的位置，你都免不了要与人沟通。与人沟通，也就需要别人接受自己的想法、观点，继而按照你的观点行动。要实现这一目标并不容易，这就需要掌握高难度谈话的技巧，第一步就是训练语言表达能力，尤其是在谈话时一定要拒绝语言上的重复啰唆，做到言之有据、有理可依、言辞诚恳，只有这样，你的话才能真正对对方起到作用。

话不在多，但一定要有针对性

古人语：“山不在高，有仙则名；水不在深，有龙则灵。”与人谈话也是如此，话不在多，但一定要有逻辑、有针对性。在现代如此高速的生活节奏下，没有人愿意花太多的时间来听你的长篇大论，所以，我们在说话的时候，不要绕圈子，不要南辕北辙，而是把话说到点子上，有话则说、长话短说、无话不说，这样才能准确地传达自己的意见，使沟通顺畅地进行。

然而，在日常生活中，我们经常可以看到，有的人总是喋喋不休、滔滔不绝地高谈阔论，但由于其语言缺乏逻辑性和针对性，没有把话说到点子上，所以显得词不达意、语无伦次，让旁边的人听而生厌；还有的人说话毫无逻辑，一会说在这里，一会说到了那里，说什么话都不会经过仔细思考，显得很没分寸。其实，这样的说话方式都会导致事倍功半，不仅达不到谈话的目的，反而会给谈话带来阻碍。

周勃是汉朝的开国元勋，在汉高祖打江山的过程中，他立下了汗马功劳，后来又在吕后死后铲除了吕氏的势力，随后又迎立还是代王的汉文帝来到长安，维护了汉朝江山社稷的稳定。

汉文帝登基之后，周勃也进入了迟暮之年，打算辞官回乡，于是便回到自己的封地颐养天年。但是，朝廷里一些别有用心的小人便抓住此机会诬告周勃图谋造反。年轻的汉文帝哪能经得住小人的煽风点火，竟然相信了他们的话，下令将周勃抓起来，准备经过审讯之后就将他正法。任何朝代，图谋造反都是需要严惩的大罪，按律应该诛灭九族。

朝中很多正直的官员觉得周勃很冤枉，就纷纷上书为他鸣不平。但是，汉文帝却丝毫不为之所动，坚持要以谋反的罪名杀掉周勃。

正在周勃将要人头落地的时候，汉文帝的母亲薄太后站了出来，她对汉文帝说："朝中的人都反了，周勃也不会造反。当年铲除诸吕势力之后，周勃大权在握，皇帝的玉玺也在他的手上，如果他想做皇帝的话，当时就做了。但是，他对汉室忠心耿耿，没有一点非分之想，将你从遥远的代国接来，让你登上了皇帝的宝座，掌管了汉朝的天下。当时先帝的儿子还有好几个，而他却偏偏选中了你，可以看出他对你是多么的看重。现在，他辞去了丞相的位子回到了自己的封地做了田舍翁，别说他有这个心，即使想这样做也没有实力了呀。他怎么会在这个时候想起来谋反呢？"

汉文帝听薄太后这么一说，觉得十分在理，于是就消除了内心的顾虑，下令立即赦免周勃。

薄太后的话不多，但是却切中了要害，让汉文帝明白了周勃的忠心，了解了他的冤情。不妨设想一下，假如薄太后只是一味地哭泣请求，说话抓不住重点，无法说明事实真相的话，恐怕周勃就无法逃脱灭顶之灾了。

说话要尽量做到有的放矢，切中要害。如果不懂得思考和观察，抓不住重点地乱说一气，恐怕说得再多也是徒劳。那些空洞无味、言之无物的谈吐，有百害而无一利，只会让人感到头痛，根本起不了任何的作用。因此，在谈话中我们要注意以下要点。

1. 观点鲜明

说话观点鲜明，显示着我们对一种理性认识的肯定，显示着我们对客观事物见解的透辟程度，能给人以可信性和可靠感。说话观点不鲜明，就缺乏说服力，就失去了谈话的作用。

2. 语言有力度

我们讲话应该注重用简练的语言，太过繁琐的语言会让你所表达的意思不够准确，也会占用对方更多的时间，结果就是你既没有讲明白你的意思，下面的人也是有苦说不出，只能强忍着听下去。简洁的几句话显得更有力度，也更容易被对方所接受。

3. 说话要有中心点

在生活中，我们经常听到一些人在说话的时候，一般会采用“一”“二”“三”，其实，这样分点叙述只是说话具有逻辑性的一个表象，并不能完全代表这个人说话有逻辑性。说话有逻辑，是表明你说话有一个中心，然后你所说的其他话都是围绕这个中心的，没有其他的枝叶。所以，说话之前应该把自己要说什么、先说什么后说什么、重点说什么，在脑子里快速地整理好，这样，时间长了，你说话就会观点清晰，富有逻辑性。

总之，我们谈话的目的是表达自己的意见，完成交流的任务。要想与别人做到畅通无阻的交流，需要的不是唾沫乱飞毫无重点地乱说一气，而是应该掌握问题的关键，把话说到点子上。只有抓住要害、有的放矢，才有可能让别人接受我们的意见和建议。

谈话时直击要害，才能让对方心服口服

我们都知道，很多情况下，我们对某个问题的关键点的把握直接决定了我们对整个问题的处理。举几个很简单的例子，做一道菜的关键在于各种佐料的搭配；唱好一首歌的关键点在于把握歌曲的曲调曲风；写好一篇文章的关键在于确定文章的中心思想……把握事物的关键点，才能让成功离我们更近。同样，我们与人谈话，要让他人信服，也要找到关键。

实际上，高难度谈话的成功靠的是什么呢？有人说是口才，诚然，我们不能否定口才在这一过程中的重要性，但滔滔不绝地谈论自己的观点，未必能让对方心悦诚服地接受，我们更要做的是把握对方的心理，有的放矢地劝说，才能起到事半功倍的效果。

小李是一名保险推销员，她从事这个工作好几年了，业绩一直很好。但这次她发现，她的客户江先生确实是块难啃的骨头，这位江先生完全有能力购买家庭保险，而且他也很关心自

己的家人。可是当小李劝他投保时，他总是提出异议，并且进行了一些琐碎且毫无意义的反驳。小李意识到，如果不用点什么好对策的话，这次谈判大概不会成功了。

小李凝视着江先生说："江先生，实际上您对自己购买家庭保险的要求已经十分明确了，而且您也有足够的能力支付相关的保险费用，更重要的是，您比任何人都关爱家人的安全和健康。不过，您仍然不能下定决心购买保险。"稍微停顿了一下之后，小李转开话题继续说道："对了，您平时是如何支配您的休息时间呢？为了更有保障，您可能会选择待在家里。其实据有关统计数据表明，家庭这个地方是最容易发生危险的地方。"说着，小李将一些统计资料交到江先生手中。

刚才还出现在江先生脸上的喜悦表情这时已经荡然无存了。小李此时将声调提高了一点，她说："江先生，如果您现在马上让我从您家出去的话，我会认为那是情理之中的事情。但我担心您会想：'如果我正是在这个时间里发生意外伤害怎么办？'"

江先生很诚恳地点了点头，表示认同小李的说法。

小李直视着江先生说："而有了这种保险，您一周7天之内的任何一天都有足够的安全保障，在一天24小时里的每一小时都不会被忽略。不管在什么地方，不管您是在工作、出差还是休闲，您都会享受到安全的保障，您的家人也会得到这样的保障，这一定正是您所希望的吧？"

此时江先生还有什么可说的呢？他高高兴兴地购买了费用最高的那种保险，因为他要保证自己和家人时刻都处于一种足够安全的保险体系当中。

案例中的小李在劝服不成后及时转化说话方式，直击客户最害怕的问题——安全问题，让原本犹豫不决、总是提出异议的客户迅速做出了购买决定。

可见，真正懂得高难度谈话技巧的人在说话时，是会将心理学运用其中的，他们能在三言两语间就让对方心服口服。那么，我们该怎样做才能在较短的时间内抓住对方的心理诉求呢？接下来是几点建议。

1. 学会倾听

与人沟通，不能一味地“说”，还要“听”，而“听”，也不只是简单地带着耳朵听，还需要把对方沟通的内容、意思把握全面。这样，当你回馈对方的时候，才能与其想法一致，否则，如果你因为没有听清楚而急于表达自己的观点，那么，结果有可能无法达到深层次的共情。而最重要的是，在倾听的过程中，我们能了解更多的信息，也就能更全方位地把握对方的心理诉求。

2. 养成揣摩别人心思的习惯

要了解别人的心理，最重要的是要有敏锐的观察力，然而，这并不是一下就能获得的，这就要求我们在日常生活中多思考，凡事多问几个为什么，并通过与对方的不断交流与沟通，来验证你的揣摩。长此以往，当你在与人沟通时，也就能通过对方的一言一行、一举一动揣摩其心思了。

3. 养成换位思考的习惯

换位思考说起来简单，但是真正能做到的人却不多，这并不是因为我们没有这个能力，而是没有这个习惯。所谓换位思考，就是要求在观察处理问题、做思想工作的过程中，设身处地地思考和说话，真正了解对方所想。这样，我们对别人的心理诉求的把握也就更准确、更全面，说出的话也才能真正说到别人的心窝里。

总之，我们要想让他人信服，都要明白关键点不在于“说”，而在于“服”，只有真正了解对方的心理，说对方想听的话，才能真正用语言“俘虏”对方。

少说一点，有些事你说得越多越没用

我们都知道，任何沟通都是双向的。在高难度谈话的场合下，我们要赢得人心，就需要一个好口才，但决不可卖弄口才。有些人总希望用出色的口才让对方产生信任感，让对方认可我们的观点，进而达成我们的交谈目的。但却忽略了一点，那就是，人们通常会认为那些巧舌如簧、太能说的人是不值得信任的。这大概就是为何一些人感慨为什么很多事情说得越多越没用。因而，我们在与对方交谈中不仅要适度地表现，还需要巧妙地沉默。

“发明大王”爱迪生曾经遇到过这样一件不可思议的事：

在发明了自动发报机之后，爱迪生想重新建造一个实验室，但资金是个很大的问题，于是，他决定卖掉目前这项发报机的专利。但他对市场行情不是很了解，于是，他找来妻子，希望和妻子商量一下。妻子给他的建议是2万美元。听完之后，爱迪生很诧异：“2万美元，太多了吧？”米娜见爱迪生一副犹豫不决的样子，说：“我看能行，建一个实验室，最起码要这么多钱。要不然，你卖时先套套商人的口气，让他先开价，然后看情况再说。”爱迪生想了想，觉得这种方式比较好，就决定试一试。

事实上，爱迪生在当时的美国，已经小有名声了，很多商人都听说过他的名字。在朋友的介绍下，爱迪生决定与一名商人谈判。很自然地，双方谈到价格问题。对方让爱迪生出价，但爱迪生觉得自己的要求可能高了，始终不好意思说话。

商人无奈之下，就说：“那我先开个价吧！10万美元，你看怎么样？”

这个价格简直是爱迪生没有想到的，太过高兴的他，一时竟然不知道如何继续谈判。当然在表面上他并没有表现出来，反而面带难色，说要等自己的妻子回来再商量一下。商人一看这种情况，也担心夜长梦多，于是对他软磨硬缠，爱迪生一看时机差不多了，便顺势与对方签了交易合同。

后来，爱迪生对他妻子米娜开玩笑说：“没想到晚说了一会儿就多赚了8万美元。”

通常情况下，人们会认为能说话、会说话是口才。殊不知，有时候不说话，保持沉默也是一种口才，甚至这时不说话比说话的效果还要好。

确实是这样，我们总是不愿意在接受别人批评的时候保持沉默，譬如面对一个难以说服的客户。其实，有时候，“此时无声胜有声”，沉默才能堵住对方的嘴，沉默可以给对方和自己都留有余地，沉默甚至可以使局面发生翻天覆地的变化。

可见，适当沉默是你沟通中无声的“武器”，它会让你在与人沟通的过程中畅通无阻！当然，要真正运用好沉默的艺术，我们还需要明白几点：

1. 控制自己的情绪，不让情绪出卖你

很多时候，我们保持沉默是为了让对方产生信任感，但任何人都是有情绪的，但你千万不能因为自己的情绪而暴露自己。

2. 细心观察，了解对方

谈话要想获得成功，最重要的是对对方心理的把握，这就需要我们具备一定的观察能力。只有这样，你才能处于沟通中的主要地位，当然，谈话过程中的观察，无外乎针对对方的眼神、动作及语言。

3. 说话中要懂得沉默

我们强调谈话过程中的沉默，并不是说三缄其口、从不说话，而是少说，一般来说，我们若想谈话成功，就必须要探知对手的内心世界，从而攻破对方心理堡垒，但无论使用什么方法，一定不要让他知道你的企图，为此，在说话时，你要保持公正客观的态度。如果对方发现你说话时带有某些情绪色彩，那么，就很容易被对方识破。

当然，谈话的主要途径依然是“谈”，沉默固然能起到有效的掌控局势的作用，但到了该你说话的时候，众目所注，等你表态，等你提议，你三缄其口，还是会惹大家不满意的。所以到了非说不可的时候，还是要大胆开口，当然也要讲究艺术，小心用词。

总之，你若希望自己在人际交谈方面能做到语言有震慑力，能攻破他人心防，那么，你最好在日常生活中就要锻炼自己的说话能力，要做到说精练的话，只有这样，才能让对方产生信任感，才能在三言两语中就掌控对方的心理，达到我们的谈话目的。

学会有效地控制谈话时间

生活中的人们，你是否有这样的经历：公司领导叫大家开会，刚开始，你还觉得领导说话比较有趣，你饶有兴致地听着，半个小时过去了，他依然在重复自己的观点，你的注意力开始分散了；又过了一小时，你开始不耐烦了，而你发现，周围的同事好像也开始打瞌睡，有的人甚至已经开始离场，而那位领导还在喋喋不休地说着……很明显，这场讲话是失败的。而它失败的一个重要原因就是啰嗦重复、没把控好时间。我们先来看下面的案例：

小吴在一家农业技术公司担任销售主管，他是个工作效率高且时间观念很强的人，平时，无论是工作还是生活，他都按照自己的计划，所以，他总是喜欢看手腕上的表。

一次，在公司年会上，他被大家推荐出来谈谈他的工作经验，这完全出乎他的意料，他原本准备参加完年会之后回家陪孩子学习钢琴的，所以，这让他猝不及防。当然，凭借他的工作经历和阅历，这点小事难不倒他。很快，他就兴致勃勃地谈起了工作问题，演说过程中，他有理有据，娓娓道来，让台下的领导和同事都称赞不已，一个小时之后，他看了看表，觉得时间差不多到了，顺势谈到另外一个话题，最后，一番收尾的话，便结束了演说，获得了阵阵掌声。

案例中的小吴就是个时间观念强、懂得把握讲话时间的人。的确，现代社会，任何人的时间都是宝贵的，是否能控制好与他人的谈话时间，是重要的技能也是必备素质之一，不过，在向他人阐述观点的时候，我们又不可能一直不停地看表，于是，不少人会发出疑问，我该如何控制谈话时间呢？答案就是：开口前先思考并做好准备，根据你要谈论的重点进行时间安排。

具体来说，我们可以这样做：

1. 明确你要说的要点

要点不明确，就会导致你在讲话的时候不着边际，听者找不到讲话内容，自然就会不耐烦，时间也就浪费了。

事实上，除此之外，总结谈话要点，也有助于我们应对意外情况。比如，在开始谈话后，你却突然接了个电话、有事需要处理，此时你的谈话时间可能会从45分钟缩短至20分钟，此时如何是好？但如果你已经明白谈话的要点，那么，你便能将大致观点传达给对方，以达到自己的谈话目的。

2. 控制你的说话语速

不少人说话因为害怕时间太久而语速过快，这样很多重要的地方就得不到澄清了。实际上，任何形式的谈话，都要以恰当的语速来传达，这样我们的谈话才是有效的。

3. 化繁就简，不必要的谈话内容可以进行压缩

无论你要谈论的主题多么复杂，你都决不能拖拖拉拉，找不到重点，而应该化繁就简，把它压缩成一段在时间上短得多的谈话。因为大家的时间都是宝贵的，谁也不想听你啰嗦。

4. 适当看表

有些人对时间的估计非常精确，不需要外在的提示。如果你不太善于估计时间（我们大部分人都没有这种能力），要坦然地把自己的手表摘下来放在自己看得到的地方，但是要避免过于依赖钟表。

你可以把开始和结束的时间记下来。手表指针的运动会给你一种压力，让你不太自然。比如，如果你觉得自己讲得太慢，在最后一分钟可能会把速度加快一倍，或者相反的情况，把自己的语速放慢，用使人昏昏欲睡的口吻把句子拖得很长。如果能够为每个部分的讲话定时会对讲话时间的控制帮助很大。

事实上，那些深谙高难度谈话技巧的人在任何形式的谈话中，都能把控好时长，并且，在时间能总体上控制好的情况下，他们还能做到在该细致讲述的地方着重讲述，而不必要详细描述的地方缩短时长，因为他们深知，听者的注意力维持的时间跨度是有限的。对此，我们也要学习他们的经验，最好学会如何控制谈话时间，并在有限的时间将自己的想法和观点以最深刻的语言传达给他人，以达到我们的谈话目的。

精简和凝练的语言，能提升谈话的可信度

生活中，我们常常羡慕这样一类人，他们似乎有某种魔力，无论他们走到哪里，他们都能成为众人关注的对象，都能成为社交的中心，无论他说什么，似乎也都能被大家接受。事实上，他们之所以能做到吸引到周围的人，并不是因为他们拥有的财富有多少、社会地位有多高，而是因为他们说话、办事诚实可靠，并且，他们在说话时，总是能做到言之有物、详细清楚，从而做到让对方深信不疑。

我们先来看下面一则销售案例：

销售员小张从客户那里回来后，愤愤不平，正向同事小刘诉苦。

小张：“刚才那个客户真是烦人，他什么都不懂，还非要冒充是行家，说我卖的电脑这里不好，那里不好。还说他们家那台老式的电脑是目前市场上卖得最火的，我看至少有三四年的时间了，你说好笑不好笑。”

小刘：“那你怎么说服他的呢？”

小张：“说服他？我刚开始和他讲解现在的市场行情他不听，后来我生气了，和他大辩了一通，使出我浑身的解数。结果他一句话都说不出来了，哈哈。”

小刘：“那他有没有买你的电脑呢？”

小张：“……”

小张来现在的投资公司担任市场推广员已经一段时间了，可是，他似乎还是和刚来的时候一样，业务似乎没什么进展，

他自己也不知道问题出在什么地方，于是，公司为他找了一位前辈，指导他的工作。

这天，小张和前辈一起来到某公司。

小张开始进行自己的推销工作："陈先生吗？你好！您现在有时间吗？很不好意思打扰你。我姓张，是××投资公司的业务推广代表，我想向你介绍……"

而这位陈先生直率地说："对不起。我正忙，对此不感兴趣。"说着就告诉秘书："送客。"

小张只好离开，就这样，连续拜访了几家公司，都是这样的结果。

在小张连续受到打击之后，这位前辈开始问小张："小张，你知道为什么客户为什么总是在你说了几句话之后便不假思索地拒绝你吗？"

小张想，现在的客户难搞定是一件公认的事，我搞不定客户，也没什么出奇。

蔡经理见他不吱声，便解释起来。

"首先，你应该说明来意，而不是直接问对方有没有时间。哪位客户会说自己现在很闲？另外，你发现没，你在正式介绍产品前的表达是：'我想向您介绍……'这样说，一点也不专业，也显得自己很没信心。总结起来，你在和客户沟通的时候，虽然说的话很多，但没切中要害，显得毫无章法。"

案例中，这位前辈的话是有道理的。向客户介绍产品的语言一定要专业，而不能显得内容冗杂、没自信。否则，客户不会取信于你。

那么，我们该如何表达，才能体现语言的准确性，让对方对我们产生信任感呢?

1. 说话要有底气

在和别人的交谈中，你一定要有信心，你要坚信自己的观点是正确的，在这种积极的心理暗示下，你说话时才会理直气壮，这样，强大的气场就会形成了。相反，如果你唯唯诺诺、底气不足，那么，你传达给对方的也是一些消极的信息。这样一来，你没有了强大的气场，对方的气场就会逐渐盖过你。因此，在陈述你的意见或者观点的时候，不但要详细，更要坚信自己是正确的，这样你才能绝对自信，才能理直气壮，营造强大的气场。

2. 语言表达简洁精练

很难想象，一个词不达意、语无伦次的人，他能自信、条理清晰地陈述自己的观点，让别人信服。因此，在与人交谈的时候，语言表达一定要简洁干练，用简单的语句将你的意思、你的情感表达得清楚明了。别人根本没有思考的空间，你所说的话、你的情感和意见会迅速占领别人的心，这样才能给别人带来震慑的效果。平日里说话要尽量简洁干练，给人雷厉风行的感觉，把你的自信表现出来，你的气场自然会强大起来。

3. 说话时要有逻辑性

如果你说的话言之有理、极富逻辑性，让他人无可辩驳，那么，即使他人想要不顺从都很难，因为你的话已经让对方从心底认同了。你的自信营造了强大的气场。相反，如果你所说的话前后矛盾、逻辑性很差，别人很容易找到辩驳的理由，自然不会听你的号召，你也就成不了别人的领袖。因此，在陈述某件事时，一定要有很强的逻辑性，用客观存在的逻辑关系征服别人的心。

当然，表述时，我们要发音清晰，音量适中，用词尽量准确。

另外，准确、中肯的表述还需要在说话时也有条有理。说话有条理才会让人觉得言之有物，有重点可言。有的人在谈话时东拉西扯、颠三倒四，对方听了半天，仍觉得一头雾水，失去了继续交谈的兴趣。说话有条理和有重点是相辅相成的，缺一不可，只有条理性才能突出说话的重点，也只有说重点才能让人觉得这人说话有条有理。

谈话要剔除多余的“碎语”和“口头禅”

前面，我们已经指出，我们要想谈话有水平，就要注重训练语言的严谨性和逻辑性，这就要求我们修炼自己在平时的语言，尽量在说话时做到语言凝练，避免“碎语”和“口头禅”，以传达给对方最实用的信息。而相反，如果只顾传达自己的观点而滔滔不绝、语言烦琐，那么，结果只能是事与愿违，让听者产生不耐烦的情绪。

的确，现实生活中，几乎不可避免地，每个人都会有自己常用的口头禅。也许大家没有意识到，这些自己根本没注意到的习惯，在日常交际中并不会对我们造成多少危害，但在一些正式的场合，如果把这些语言习惯带入其中，则会传达给听者一些负面信息，比如：

1. “听说”“据说、听人说”

这一口头语会让听者觉得你的演说真实度不够，试想，谁会真正相信那些道听途说的语言呢？

2. “说真的”“老实说”“的确”“不骗你”

说话如果有此类口头语，会让听众觉得你说话急躁。

3. “啊”“呀”“这个”“那个”“嗯”

人们常在词汇少，或是思维慢时利用这些词作为间歇的方法，而如果我们说话常伴有此类口头语，会给人一种反应较迟钝的印象。

4. “可能是吧”“或许是吧”“大概是吧”

这些口头语体现的是对自己言谈的极为不确定，也会给听者留下不可信任的印象。

可见，“碎语”和“口头禅”是我们在平时说话尤其是一些正式场合说话的大忌。所以，我们应将凝练自己的语言作为培养和锻炼自身的综合能力和素质的重要方面，应尽可能地用最清晰、简明的语言传达给对方相关信息。

那么，我们该如何凝练平时的语言呢？

1. 了解你要表达的中心、重心、要点

任何问题都有中心和重点，找到了这个中心和重点之后，说话的时候才能有的放矢，才能知道什么话该说，什么话不该说。所以，迅速找准谈论的中心是言简意赅的前提和基础。否则，眉毛胡子一把抓，只能惹人厌烦。

做到这一点，你首先要懂得透过事情的现象看本质，对此，我们来看看下面的故事：

张大姐是村里典型的大好人，她平时遇着邻居之间有矛盾就喜欢主动去化解纠纷，村里面因为她的存在而增添了不少和气，人们都说张大姐化解纠纷有妙招，但是村里很少有人能学得会，据说法庭的调解员还曾向她讨教过。

有一次，邻居李大爷家的两个儿子因为分财产而闹得邻里不安，大家都束手无策，这时候张大姐出来了，她首先不是去劝说，而是认真倾听各方的说辞，之后找准两兄弟争吵的核心问题：财产分配不均。

找准焦点问题后，张大姐开始说了："老大，你的兄弟身体经常有病，而且看在他平时对父母也很孝顺，对你也很尊重的份上，你可以适当让一步。"

老大不服气："我的负担也很重，我让一步，谁来让我？"

张大姐说："是兄弟情分重要，还是财产重要？"

老大低头沉默了。

说完了老大之后，张大姐对老二说："你大哥已经成家了，负担又很重，平时对你也很照顾，你也要体谅你大哥。"

老二很委屈地说："我的身体又不好，财产少了怎么生活？"

张大姐说："财产再多也会有用完的一天，但是兄弟情分是用不完的，况且你的财产用完了之后你的大哥也会照顾你。"

老二也不再说什么了。

然后兄弟二人和和气气地把财产分配好了。

张大姐抓住两兄弟的争论焦点后，迅速各个击破，几句话的工夫就平息了一场争吵。

在这则调解案例中，张大姐为什么能迅速将兄弟二人的矛盾调解好呢？很简单，因为她说话字字珠玑，句句击中要害，让兄弟二人心服口服。试想，如果张大姐也跟着双方啰啰嗦嗦地争论，那么不仅化解不了矛盾，而且还会火上浇油。因此，要想增强你的气场，那么不要说多余的废话，要学会字字珠玑、言简意赅，一出口就能击中要害，从内心深处去震撼他人。

2. 懂得表达，语言表达清晰、稳重、不啰嗦

交谈中，语言表达的轻重缓急也是很有讲究的，该让对方听清的地方就要缓一些，不重要的信息就可以一句带过。如果张口结舌或连珠炮似的大讲一通，对方就会感到一种急迫感，从而心生不信任。

要想使说话不啰唆，其实只需拣重点说就行，其他次要的内容，要么不提，要么一言以蔽之，只有这样才能保证你的发言在最短的时间之内收到最好的效果，否则，即使你滔滔不绝地谈论半天，听众一个个都还是不知你发言的目的。

当然，你若希望自己在谈话中能做到语言有震慑力，能攻破他人心防，那么，你最好在日常生活中就要锻炼自己书的表达能力，毕竟，世上无难事，只怕有心人。平日里多注意，多锻炼。你说话定可以达到言简意赅、字字珠玑，一出

口就能击中要害的程度。因此，加强持久的练习是手段。具体来说，可以通过辩论赛、讨论会及多参加演讲的方式来练习。

第08章

别带着情绪谈话，否则一言不合就起冲突

我们知道，人都是群居动物，我们每天都要与人打交道，也就免不了要与人谈话，而与此同时，我们也要为生计奔波，都要面临繁重的生活和工作压力，我们很难一直保持愉悦的心情，但无论如何，我们要明白，与人交谈前，一定要冷静下来，只有这样，我们在谈话时才能心平气和，相反，如果我们带着情绪讲话，很容易一言不合就造成气氛的紧张，进而让谈话结果有悖于我们的初衷。

别让你的舌头抢先于你的思考

现代社会，人们的生活和工作学习的速度越来越快，人们凡事都追求高效率，也就是“快”，但这并不是无一例外，比如说话，不经思考说出的话小则可能导致听者的不快，大则为自己招致祸端，逞一时口舌之快，可能导致你后悔无穷。

因此，我们在与人谈话的过程中，一定要谨言慎行，不要给人留下一个稚气未脱、不懂事甚至是缺乏教养的印象，说话前一定要考虑你说出话后可能带来的影响。的确，人与人之间因为语言产生的误会是一种小摩擦，也有一些人对这些鸡毛蒜皮的小事心胸宽广，但毕竟这是少数。人际关系是互相的，当你由于逞一时口舌之快，说了带情绪的话，伤害了对方的自尊心，对方被伤害后，自然也会采取措施来报复你的莽撞，即使对方当场不表现出来，你也已经树敌了。总之，不要把口水仗打得如火如荼，不要引起别人记恨，酿成祸端。

小李是一家外企的人事部经理，负责人事招聘工作，在职场多年的他，却还是管不住自己的嘴巴，有一次，便得罪了一个应聘者，最终让自己下不来台。

该应聘者是伯明翰大学留学归国的，但没具体说哪所学院，小李居然脱口而出一句让人大感不恭的话：“国外的学院有一流的也有末流的。”这话的意思不就是怀疑那人有点儿徒有虚名吗？这话让那名应聘者逮个正着，非让他说出伯明翰到底哪所学院是末流。

实际上，小李也知道，伯明翰大学虽然有不同的学院，水平也不一，但还不至于有哪个学院是末流，他的话其实是逞一时口舌之快说出来的，并没有什么实际意义。僵持到最后，那个应聘者也“豁”出去了，非得与小李争个高下，结果，小李不得不向人家赔礼道歉。

小李这是自找麻烦，一句无心的话被人抓住了把柄，结果弄得自己很尴尬，可见逞一时口舌之快必后悔，言多必失。

其实，那些直言直语的人并没有什么坏心眼，多半是心浮气躁又习惯指责他人的人，这一点在年轻人身上似乎更为明显。他们做事冲动，说话不经过大脑，想到什么说什么，似乎在他们的心灵世界里根本就没有“忍”字可言，尤其是当他们心中不悦的时候，见事骂事，见人骂人，只为排遣胸中的忧烦。可是，他们根本没有想到，当自己将某些话脱口而出后，自己的情绪是宣泄了，而听者的感受如何呢？“说者无心，听者有意”，你的无心之话可能就引起了对方心中的不快。

相反，那些懂得高难度谈话技巧的人，却善于察言观色，他们绝不会逞口舌之快，严重地伤害对方的自尊。但这种功夫，说来容易，做起来可真不简单。就连帮助刘邦建立汉朝的韩信也不例外。“韩信点兵，多多益善”是以韩信的典故为名的成语。

刘邦称帝后，将韩信封为楚王，不久，部下对刘邦密告，说韩信接纳了项羽的旧部钟离眛，准备谋反。于是，刘邦采纳了谋士陈平的计策，假称自己准备巡游云梦泽，要诸侯前往陈地相会。韩信知道后，杀了钟离眛来到陈地见刘邦，刘邦便下令将韩信逮捕，押回洛阳。回到洛阳后，刘邦才知道韩信并没有打算谋反，又念及其昔日战功，于是便把他贬为淮阴侯。

对于刘邦这样的“处置”，韩信自然不悦，但也没有办法，刘邦知道韩信的心思，有一天把韩信召进宫中闲谈，让他点评一下朝中各个将领的才能，韩信便一一说了。当然，那些人都不在韩信的眼中。

刘邦听了，便笑着问他：“依你看来，像我能带多少人马？”

“陛下能带十万。”韩信回答。

刘邦又问：“那你呢？”

“对我来说，当然越多越好！”

刘邦笑着说：“你带兵多多益善，怎么会被我逮住呢？”

韩信知道自己说错了话，忙掩饰说：“陛下虽然带兵不多，但有驾驭将领的能力啊！”刘邦见韩信被降为淮阴侯后仍这么狂妄，心中很不高兴。

后来，刘邦再次出征，刘邦的妻子吕后终于设计杀害了韩信。

追随刘邦打天下倾尽全力的韩信，也因自己的口误而招来杀身之祸，可见，他并没有明白“伴君如伴虎”的道理。树大招风，一个人不注意自己的说话方式，过于招摇，必然会给自己带来不必要的麻烦。

这也给身处职场的人尤其是年轻人一个警示：与上司相处，要时刻谨记对方是上司，你是下属，要管住自己的嘴巴，凡事多个心眼儿，拿捏好与上司的距离，既不能将其拒之千里，也不可“紧紧追随”。工作中心情不悦时，也使不得小性子，更要不得脾气。而若遇到更为严重的情况：你和上司之间产生了矛盾，一定要劝自己尽可能地克制住自己，切莫逞一时的口舌之快，不然，你就只有另谋高就了。

一句话能使人笑，一句话也能使人跳。总之，我们与人谈话，一定要三思而后行，在你要说出心头的话以前，先想一想：这话可是真的？这话厚道吗？在确定不会伤害他人后再说出口，才能起到一言九鼎的作用，你也才能受到别人的尊重和认可。千万不可逞一时之快，而给自己带来潜在的人际关系危机！

谈话时观点不一致，不必非要争个是非对错

有这样一句名言：“千万不要跟傻瓜争论，一不留神你可能就成了傻瓜。”这句话道出了人们爱争辩的天性，的确，人们往往都很喜欢争论，特别是在谈话的时候，不论大事小事，为了说服对方，都喜欢争辩一番。因为思想、认识的不同，其中一方为了说服另一方，就会发生争论，而这也正是人们认识的一个误区，即只有争论才能说服别人。人都喜欢显示自己的聪明，在争论中击败对方，就是一种难得的精神享受。而事实

上，心理学知识告诉我们，人们更愿意在愉快和和谐的过程中接受他人的意见，而这也是很多人说服别人不能成功的一个原因。

生活中，我们与人交谈，难免会有意见不合的时候，此时，我们必定想说服对方，但彼此都会产生一种防范心理，我们若不希望彼此之间产生心理隔阂而影响彼此关系，就不能针尖对麦芒地与之争辩。毕竟没有人喜欢咄咄逼人的人。如果你在人际交往中凡事都要与人针锋相对，那么，在长时间的矛盾累积中，对方只会离你而去。那么，你很可能会产生疑问，观点不一或者出现矛盾时该怎么做呢？对此，你完全可以采取转移对方视线、巧妙应战的方法。清代以才智过人著称的纪晓岚，曾经就采用这一方法绕开了乾隆皇帝给他出的难题。

有一次，乾隆皇帝闲来无事，想测试一下纪晓岚到底有多聪明。

于是，他将纪晓岚传进宫，然后对他说："纪晓岚！"

"臣在！"

"我问你：何为忠孝？"

纪晓岚说："君叫臣死，臣不得不死，为忠；父叫子亡，子不得不亡，为孝。合起来，就叫忠孝。"

"好！朕赐你一死。"纪晓岚一听，不知乾隆皇帝为什么会这么说，但他猜想，皇帝肯定是在开他玩笑，但君无戏言，也不能不遵命，于是，他只好谢主隆恩，三拜九叩，然后走了。

乾隆皇帝也傻了，这一个玩笑，不会真的要了纪晓岚的命吧？回来的话，就是欺君之罪，是死；不回来，也是一死，这么一个聪明的纪晓岚，死了该多可惜。他想：我倒是要看看，你今天怎么逃脱？

半炷香的时间过后，纪晓岚气喘吁吁、面带悲色地跑了进来，扑通一下就跪在了乾隆皇帝的面前。

看到此情此景，乾隆皇帝故作生气地说："大胆，好你个纪晓岚！朕不是赐你一死吗？你为什么又回来了？"

纪晓岚说："皇上，微臣原本真的打算去死，但正当我准备跳河时，屈原居然从河里跳出来了，他很生气地告诉我：'纪晓岚，枉你还是个读书人，怎么这么糊涂，想当年我投汨罗江自杀的时候，是因为楚怀王昏庸无道。想当今皇上皇恩浩荡，贤明豁达，你怎么能死呢？'我一听，就回来了。"

最后，乾隆皇帝不得不解嘲地说："好一个纪晓岚，你是真能言善辩啊。"

即使乾隆皇帝知道纪晓岚说的是恭维话，可是他仍然按照纪晓岚的话在心中给自己定位了：一个贤明的君主。纪晓岚看似愚钝，执行了乾隆皇帝的"赐死"令，但他却利用了每个人爱听恭维话的特点，为自己解了围。

那么，他是如何成功的呢？他对于乾隆皇帝给自己出的难题，采取了"曲线救国"的方法，避开问题，对乾隆皇帝恭维一番，爱听好话的乾隆皇帝自然很受用。

相反，与人谈话，如果我们与之辩论，只会加剧对方的反感和排斥心理，不如巧妙地转移对方的视线，从另外一个角度强有力地说明事实真相。由此可见，看上去需要我们花费精力的迂回，实际上却是最短的途径。在与他人谈话的过程中，假如遇到正面的阻碍，最好的办法就是绕而言之，曲径通幽。

对此，我们可以从以下两个方面努力：

1. 先认可对方

实际上，在交际中，让对方认同自己的绝妙途径是先认同对方。如果你首先就对其想法和行为进行否定，或者拒绝倾听其说话，那对方的逆反心理就会涌现出来，他会故意与你敌对，根本不愿意按照你的思维方式进行思考。但如果你先是对其表示认可，比如“你的话有一定的道理”“你这件事做得不错”，通过语言分析强化对方想法的正确性，致力于站在对方的角度，然后进行积极引导，这样是可以成功地将对方争取到自己这边来的。

我们再来看看卡耐基是怎么做的：

现代美国成人教育之父卡耐基因为举办课程，所以租用了某旅馆大礼堂讲课。

一天，宾馆经理突然通知他，礼堂租金要提高三倍，卡耐基自然不能接受，于是便前去找经理交涉。

他说：“我接到通知，有点震惊，不过这不怪你。如果我是你，我也会这么做。因为你是旅馆的经理，你的职责就是尽可能为旅馆多赚钱。”紧接着，卡耐基为他算了一笔账，“将礼堂用于办舞会、晚会，当然会获大利，但你撵走了我，也等于撵走了成千上万有文化的中层管理人员，而他们光顾贵旅社，是你花再多的钱也买不到的活广告。这样看来，哪样更有利呢？”经理被他说服了。

在这里，卡耐基不断提到："如果我是你，我也会这样做"，其实就是对对方的言行进行认同，意思是"我也是站在你这个角度的"。一旦有人对自己的想法或行为表示了认同，那我们就会降低心理防备。于是，在这样的情况下，聪明的卡耐基正是看中了这一点，他先是认同了经理的看法，然后表达出自己的见解，最后使经理心甘情愿地将情感的天平倾向了自己这一边。

2. 逐步渗透，影响对方

这并不是消极地耗费时间，也不是硬和人家要无赖，而是要善于采取积极的行动影响对方、感化对方，促进事态向好的方向转化。当然，此时就考验我们的口才了，要善解人意，抓住问题的症结，巧用语言攻心。

可见，我们在与人谈话的过程中，要想让对方接受我们的观点首先就必须进入对方的内心世界，如果一开始就针锋相对，那么，对方就会产生逆反心理，我们也很难达到谈话的目的。所以我们在反驳他人之前，最好先肯定对方，打消对方的逆反心理，才能真正让对方接受我们的观点，进而达到我们的目的。

家庭成员间有效沟通，能避免很多矛盾冲突

任何人都知道，家庭生活中，成员之间免不了磕磕碰碰，可能有不少人在与家人争吵时都扮演了受害者的角色，但指责

的话刚脱口而出，你就后悔了。和对方说话总是生硬的，或者你的本意也许是好的，可说出来却全变了味。这时一场争执往往在所难免，错误信息的传递眼看就要引发家庭大战。而其实，在问题出现的时候，只要你能静下心来，心平气和地与对方沟通与交流，是能免除很多家庭矛盾的。我们先来看下面两个故事：

小雨和丈夫结婚已经满三个月了。她和丈夫是相亲认识的，谈恋爱的时候，她对这个男人实在太中意了，他潇洒大方、事业成功、家世殷实，以至于他在向小雨求婚时，小雨想都没想就答应了。但婚后，小雨发现，原来婚姻并没有她想象中那么幸福，她一下子由一个美丽的女人变成了整天和锅碗瓢盆打交道的妇女，每天都要面对丈夫的臭袜子，最可恨的是，丈夫是个大男子主义者，他希望小雨什么都听他的，这哪里是小雨的风格？于是，吵架开始了，一气之下，小雨带着怨气回了娘家。

椅子还没坐热，小雨就一股脑儿把自己的委屈都说了出来。母亲一直很宠小雨，就安慰自己的女儿："不是吧？结婚前我看他挺好的，怎么是这样的人？太小心眼了吧？"

"是啊！哎，要是知道结婚后天天会吵架，我打死也不结婚啊，我现在想离婚了。"听到女儿这么说，在一旁看报纸的父亲急了，赶紧也凑过来。

"你这傻孩子，别动不动就说离婚，夫妻双方吵架是很正常的事，小李人不错，你在路上的时候，他就打电话来了，还跟我们道歉，只要没有原则性问题，吵吵架也没什么啊，越吵越热闹啊！"

听到父亲这么说，小雨噗嗤一声笑了："合着您的意思就是鼓励我们吵架？"

"那肯定不是嘛！我的意思是，你别还像没结婚时一样，希望周围的人都围着你转，男朋友哄着，爸妈疼着，结了婚，你就为人妻了，要调整好心态，不要动不动就提离婚，说多了会伤害夫妻感情的。"父亲的话似乎很有道理，小雨听完后，就收拾了东西，洗了把脸就回家了。

这则案例中，初为人妻的小雨因为和丈夫吵架而回到娘家，原本以为父母会站在自己这边，但最终，父亲的一番话让她打消了离婚的念头。

正如小雨的父亲所言，婚姻中，感情再好的夫妻，也避免不了争吵，万不可抱着吵架就离婚的心态。当然，这并不是鼓励我们和爱人吵架，而是应该调节自己在婚姻中的心态。

实际上，每个家庭每天都在上演各种战争，婆媳间、夫妻间、子女间，但无论何种矛盾，都不能凭一时情绪，与对方大吵一架，而应该调节你的情绪，主动敞开心扉与对方沟通，这才是创造和谐关系的秘密所在。

那么，我们是不是也该掌握一些调节家庭矛盾的方法呢？为此，我们在与家人产生矛盾而进行沟通时，需要掌握以下原则：

1. 带着情绪时不要沟通

情绪会直接影响你的沟通态度，进而影响沟通的效果。据说拿破仑的军队有一条纪律，就是士兵犯了错误之后，当官的不能马上批评。因为马上批评，双方都会受情绪影响，不如放一放再批评效果更好。沟通亦然，带着情绪沟通，就很容易使沟通走偏。

2. 双方都要站在对方的角度给予必要的理解和肯定

因为任何结果都有理由，既然对方会形成和你不一样的意见和选择，一定有自己的理由和考虑，你应该理解。如果你表示理解，那么在情感上就相当于给了对方一个极大的安慰，使其郁积在胸中的不良情绪也得到缓解和疏通。

3. 要诚恳地道歉

不要认为自己没有错，其实只要是与家人发生了矛盾，这里面就一定有你的错处。一个巴掌能拍得响吗？退一万步说，即使真的没有错，那么因为你和对方发生了矛盾进而伤害了家人的感情，这是不是错呢？所以你只要想道歉，就一定能找出道歉的理由。理解和道歉之后，你再把自己的理由和道理讲出来，对方便会容易接受。

4. 不回避、不扩大、限定时间与主题

回避的实质是对抗、是不自信、是无奈；不对抗不是躲避，而是你可以采取一些技巧，比如说暂时撤离。如果情绪特别急那怎么办？你可以暂时撤离或者用幽默的方法把这个结打开。家庭生活中要学会幽默的技巧，甚至限定争吵的时间，“你说吧，我听你说”，这是最好的。即便有一些争执，“好，那么我们吵20分钟，你先说，我后说”，限定时间。

5. 不翻旧账、不指责，忌用“你总是……”“每次……”这样的语句

用开放式语句：“我觉得……你看呢”澄清问题，探寻

“怎样你就比较满意？”然后试行一周或一个月。

6. 找到解决的方法

问题澄清之后那就该探索怎样办？彼此希望怎么样？然后可以试行，沟通了就应该有一个结果，两人各自生气甚至冷战好几天总会留下阴影。吵架的过程要变成沟通过程，要澄清问题、探询结果，不要执着于分清谁对谁错。家庭是个系统，出了问题往往是系统出了问题，运行模式出了问题，不是某个人错。而且风水轮流转，这次你主动谦让，下次我主动谦让，如果总是一方得理，那这个沟通就没劲了。

家庭成员间意见不统一，有了矛盾之后，必须要及时地进行沟通。只有通过沟通统一了认识，化解了矛盾，才能使“梗阻”的家庭关系通畅起来，而一味地争吵是起不到任何作用的，反倒会令亲情淡薄，关系不和谐。当然，沟通有道，只有掌握了这其中的道理、技艺，才能使沟通取得良好的效果。

冷静下来，不要带着任何情绪进入谈话

对于现代人来说，无论是工作还是生活中，我们都免不了要与人谈话，但紧张忙碌的生活常常使我们变得脆弱易怒、焦虑不安，然而，如果我们把这些负面情绪发泄给别人，会赶走朋友，得罪他人，更不会取得好的沟通效果。正确的做法是，无论你要与对方谈什么，都要先冷静下来，这样，才能避免因

情绪化而导致谈话的失败。

夜幕降临了，酒吧的角落里，一个美丽的女人坐在那里独饮，她神情阴郁，眼里充满了忧伤。

一个男士远远地看着：这女人一定是失恋或是婚姻受了打击，如果我过去安慰她，或许会有故事发生。想着，这个男士就过去请求陪女人喝酒。女人答应了，边饮边告诉男士她在公司遇到了不开心的事。男士体贴地听着，安慰着，劝说着。时间慢慢过去了，漂亮女人的脸上有了笑容。男士在心里想：女人会用什么方式感谢自己呢？正在想入非非时，漂亮女人说："非常感谢你安慰开导我，现在我要回家了，我老公还在等我。曾经我们相约过两个人不能把坏心情带回家，所以我在酒吧里想把不快消散，结果遇到了你，非常感谢，再见！"说完，漂亮女人回家了，留下了一脸惊愣的男士。

故事中的这个女人是明智的，正如她所说的，我们不要把不快带回家。的确，我们每天走出家门，就要面临高强度的工作和复杂的人际关系，我们的心情难免会受到影响。

有人认为，家是应该呈现真实的地方，应该是避风港，心情不好了，就应该在家中得到宣泄，用不着压抑自己。因此，他们一回到家，就开始咆哮、宣泄起来，结果家人便成了他们的出气筒，他们让家笼罩在一片痛苦之中，造成了家庭的情绪污染，导致一家人都高兴不起来。

当然，不只是亲人、爱人之间，任何场合，我们都不要带着情绪参与到谈话和交流中，为此，当我们心情不好时，可以这样疏通：

1. 放慢语速，调整心情

如果你在说话，你可以试着让自己的呼吸均匀下来，然后自我暗示："放松，冷静。"如果你的情绪很激动，那么，你不妨先闭上眼睛，然后想想让自己高兴的其他事情，并尝试着站在其他人的角度审视自己的行为，慢慢地你就能冷静下来了。

2. 抑制怒火，冷静反应

当有人朝你大喊大叫或者用语言攻击你的时候，你怎么做？你是以牙还牙还是置之不理？对于这种情况，你无法控制对方的行为，但我们可以调整自己的行为。此时，你完全可以不作出任何回应。你的反击只会激发对方的挑战情绪，只会让事情更糟糕。而对其不予理睬，对方失去了愤怒的"燃料"供应，想燃烧也难了。

3. 暂时走开

暂时走开可以使生气的人平静下来，但具有很强的侵略性和好斗个性的人倾向于对任何刺激都做出对抗性反应，而不是摆脱和走开，他们这样的性格必将导致最终的失败。

4. 转移自己的注意力

在气头上，你很容易就会被冲昏了头，而走上情绪的不归路，因此首要之务，就是得先为自己的情绪降温，这话说来容易，该怎么做到呢？你可以转移自己的注意力。例如："一、这个茶杯是黄色的……二、他穿的毛衣是黑色的……"数十至十二项物体的颜色，之后你会发现自己冷静多了。

另外，如果你因为某件事或某个人而感觉心情烦躁，注意力无法集中，就不要强迫自己做事。这时不妨看看电视、听听音乐或找些事情做，以转移对烦恼的过度注意。

现代社会，因为不会冷静处理愤怒而导致失败的人比比皆是，而那些会冷静处理愤怒的人永远都能站在事业的顶峰。所以，当你在与人交谈前，一定要先冷静下来，养成控制坏情绪的习惯，这必将使你受用一生。

与人谈判，切忌把情绪挂在脸上

现代社会，在很多领域，人们都需要通过谈判来解决问题，谈判是高难度谈话的重要方面，而如何成功与谈判对手谈话是很多人需要考虑的事，因为成功谈判并不是一件易事，首先就要求我们在谈判中做到冷静处理、言谈谨慎，不能带着任何情绪进入谈判，因为说错任何一句话，都可能带来巨大的损失。

犹太商人认为，谈生意的过程中，对商人来说，没有什么比陷入突如其来的怒气中更能造成灾难的了，而提高自我情绪管理能力能带来平静和财富。实际上，每个成功人士都注重修炼自己的好脾气，任何谈判实质上都是打心理战。

曾经有一名政党的领袖正在指导一位准备参加参议员竞选的候选人，教他如何去获得多数人的选票。这位领袖和那人约定："如果你违反我教给你的规则，你得罚款十美元。"

"行，没问题，什么时候开始？"那人答应。

“现在就开始。我教给你的第一条规则是：无论别人怎么损你、骂你、指责你、批评你，你都不允许发怒，无论人家说你什么坏话，你都得忍受。”

“这个容易，人家批评我，说我坏话，正好给我敲个警钟，我不会记在心上。”

“好的，我希望你能记住这个戒条，这是我教给你的规则当中最重要的一条。不过，像你这种呆头呆脑的人，不知道什么时候能记住。”

“什么！你居然说我……”那个候选人气急败坏。

“拿来，十美元！”

“哎呀，我刚才破坏了你教给我的戒条吗？”

“当然，这条规则最重要，其余的规则也差不多。”

“你这个骗子……”

“对不起，又是十美元。”领袖摊开双手道。

“赚这二十美元也太方便了。”

“就是啊，你赶快拿出来，这是你自己答应的。如果你不拿出来，我就让你臭名远扬。”

“你这只狡猾的狐狸！”

“对不起，再拿十美元。”

“呀，又是一次，好了，我以后再也不发脾气了！”

“算了吧，我并不是真的要你的钱，你出身贫寒，你父亲的声誉也坏透了！”

“你居然敢侮辱我的父亲！你这个恶棍！”

“看到了吧，又是十美元，这回可不让你抵赖了。”

这一次，那位候选人心服口服了。那位领袖郑重地对他说："现在你总该知道了吧，克制自己的愤怒并不容易，你要随时留心，时时在意，十美元倒是小事，要是你每发一次脾气就丢掉一张选票，那损失可就大了。"那位候选人彻底服了。

的确，生活中，有些人就像故事中的这位候选人一样，控制不住自己，特别是在不顺心的时候容易发怒。实际上，胡乱发脾气根本解决不了任何问题，反而会把事情弄得更糟。

可以说，我们要想成功谈判、做成生意，就必须要控制好自己的情绪，在谈判中，随时可能会遇到让我们气愤、伤心甚至无奈的事，但无论如何，我们都不能说出随心情的话，因为随心所欲地说话本身就是谈判的大忌。

那么，我们该怎样做到控制好自己的情绪呢？

1. 加强自身修养

一个具备良好修养的人，一般是不会轻易动怒或者生气的。所以，为了使谈判成功的概率更高，我们都要加强自身的修养，宽容大度，具备耐心，能克制自己的情绪，不管发生什么事情，都绝对不说那些随心情的话。

2. 始终冷静地说话，别让情绪出卖你

很多时候，我们与谈判对手的较量，就是心理的较量，谁先缴械投降，谁就输了。任何人都是有情绪的，但你千万不能因为自己的情绪而暴露自己，让对手有机可乘。

比如，谈判中，当对方提出的某些条件让你觉得不可思议，甚至触犯了你的底线时，你可能会愤怒，但此时，你要明白，在涉及利益的谈判中，愤怒只会泄露你的内心情况。

3. 不要反驳对方

以销售中的谈判为例，假如客户所说的某些话是错误或不真实的，销售员绝不能直接反驳，不然会让客户很没面子，甚至与你大动肝火。这时，如果客户所说的话是无关紧要的，销售员就可以不予置之，继续谈话；如果客户对于你的产品或服务有误解，你就应该采取先肯定后否定的谈话方式，如“您说的没错，但……”也就是先同意对方的观点，然后再以一种合作的态度来阐明自己的观点。

4. 注意遣词用句

谈判中，我们在遣词用句上要特别留意，说话时态度要诚恳，绝不怼人，切勿伤害了对方的自尊心。

总之，我们在谈判中，一定要谨记，无论如何，我们随时都要保持良好的谈判态度，面对谈判的种种状况，我们都要拿出耐心和诚意，心平气和地与对方沟通，才能让谈判变得顺利。

说话不要咄咄逼人，要给人留面子

中国有句老话：“为别人留余地就是为自己留余地”。事实上的确如此，我们都是社会的人，都要和周围的人打交道，难免也就会发生言语上的冲突，但不管谁是谁非，“得罪”别人无论从哪个角度来说，都不是一件好事。因此，话不要说得太满，要为自己留余地。生活中的人们，我们在与人谈话前，要多思考，别凭着一腔热血，说话冲动易怒，得理不饶人。因为这样做的结果，就像把杯子里倒满了水一样，再也滴不进一滴水，否则就会溢出来；也像把气球充满了气，再充气球就要爆炸了。我们要知道，真正成熟的人，是懂得圆滑处世和说话的，说话保留余地，给别人留面子，才会多结交朋友少树敌。

邵康节是宋朝时的大哲学家，他精通《易经》，与当时的著名理学家程颢、程颐是表兄弟，邵康节同时和苏东坡有往来。但二程和苏东坡一向关系不好。

邵康节病得很重的时候，二程兄弟在病榻前照顾。这时外面有人来探病，程氏兄弟问明来的人是苏东坡后，就吩咐下去，不要让苏东坡进来。

此时，邵康节躺在床上，已经无法说话了，只见他举起一双手来，比成一个缺口的样子。程氏兄弟见后，不明白他做出的这个手势是什么意思。

不久，邵康节喘过一口气来，说："把眼前的路留宽一点，好让后来的人走走。"说完，他就咽气了。

邵康节的话是很有道理的。人生在世，谁也不要把自己的思维固定起来，更不能凭自己的主观想象去判断事情的最终结果，因为人和事都是处于不断的变化之中，谁都无法预料，真正的智慧是懂得运用发展的、变化的眼光看问题。因此，我们都要把握好说话的分寸，管住自己的舌头，知道什么该说，什么不该说，该说的时候说得恰到好处，你的话才不会惹恼他人，"祸"就不会从口出，"火"也不会烧到你身上。

生活中，因为把说话不给人留情面、话讲得太满、太绝而给自己造成窘境的例子，随处可见。做事要讲求留有余地，不要把人逼上绝路；说话也要留有余地，不能把话说得太满。因为凡事总有意外，留有余地，就是为了容纳这些意外，以免自己将来下不了台。年轻人明白了这些道理，才可以称之为成熟了。

的确，年轻人说话、做事都容易冲动，与人交恶，也很正常，但即使这种情况下，也不要口出恶言，更不要说出“情断义绝”“势不两立”之类过激的话。不管谁对谁错，最好都闭口不言，以便他日狭路相逢还有个说话的“面子”。因为，俗话说得好：“三十年河东三十年河西”，在社会发展日新月异的当今时代，那些曾经和你为了小事争执不下的“敌人”，转眼间就可能会成为你的商业伙伴、同事或者领导等，人情世事的变化速度更快，社会生存的空间也变得越来越小，用不了“十年”，每个人的社会地位、人际关系、生存状况等就可能发生此消彼长的变化，人们相互间更是“低头不见抬头见”。如果把话说得太满、过绝、咄咄逼人，让对方下不来台，将来一旦发生了不利于自己的变化，就难有回旋的余地了。

总之，人之一生说短很短，说长也很长，变化很多，我们在与人打交道的过程中，要学会一些为人处世的门道，少对人说绝话，多给人留余地，这样做其实并不仅仅是为对方考虑、对对方有益，更是为自己考虑、对自己有益，这对双方都有好处。

第09章

注意这些谈话细节，交谈过程更愉快

生活中，我们每个人都想成为受人欢迎者，然而，如何才能受人欢迎呢？其中最为重要的一个原则就是注意谈话时分寸与细节的把握，当然，这需要我们在平时对自己的言语多加注意，该说的说，不该说的不说，说之前想好了再说，只有这样，说出的话才能让人听了心里舒坦！

尽量给对方多说话的机会

古人云："听君一席话，胜读十年书"，在现代交际中，倾听的作用尤为重要，倾听，是人们建立和保持关系的一项最基本的沟通技巧，英国管理学家威尔德说："人际沟通始于聆听，终于回答。"没有积极的倾听，就没有有效的沟通。

人际交往的目的在于沟通，以此获得对方好感。而只有用心倾听，我们才能获得说话者所要表达的完整信息，也才能让说话者感受到我们的理解与尊重。用倾听向对方表达的是："我明白你的意思，我很理解你。"当我们与交际对方达成一种心理共识的时候，我们的交际目的也就达到了。

一次，张玉去拜访一个客户。据说这个客户非常难缠，很多销售员都在他面前灰溜溜地被赶出来了。

所以，张玉这次去也没有抱太大的希望。当她敲开了这位客户的办公室的大门之后，客户对她非常地热情，又是端茶倒水，又是嘘寒问暖。这反倒让张玉有些不习惯。但是毕竟客户是真心关心她，因此张玉内心还是非常感动。

坐定之后，还没等张玉介绍产品呢，客户就开始说了，说自己的家庭生活，妻子多么贤惠，孩子多么懂事。说到高兴处，客户眉飞色舞，手舞足蹈。而张玉只是静静地听着，偶尔点点头微笑一下，表示认可和肯定。

一小时过去了，两小时过去了，客户说完了家庭说事业，说这些年自己如何一步步地走来，经历了多少艰难和困苦，如何将公司一步步做起来的。说到难过处，客户黯然泪下，张玉适当地说了几句安慰话。

整整四小时，客户一直都在不停地说，张玉只是静静地听着，偶尔问几个简单的问题。最后，客户说不动了，该倾诉的都倾诉了。转过头来问张玉："你这次来的目的是什么啊？"

张玉将产品的介绍放到了桌子上，客户看了，二话没说，就下了订单。

从这个故事中，我们可以了解到客户需要的只是你的认真聆听，而不需要你说多少。事实上生活在这个世界上的人，谁没有故事呢？遭遇了太多生活的磨难，总希望能够说出来，有人分担；获得了成功的喜悦，也总希望有人来分享。任何人都有想要表达的欲望。只要你满足了对方的这种心理，别人就觉得你善解人意，在交往当中，无疑你赢得了对方的心，占据了主动。那么，如何才能做一个好的倾听者呢？

1. 要把说话权利让给别人

在生活中，别人看似在和你交流，其实是想满足自己的表达欲望，只是希望你能充当一个倾听者。这时候你一定要保持沉默，即使你不想听对方的那些陈芝麻烂谷子的事情，也要假装在倾听，这样对于别人来说就是莫大的尊重。因此，要想掌握交往的主动权，那么就要把说话权让给对方，让对方的表达欲得到最大限度的满足，从而让对方对你有好感。

2. 用点头来表达肯定对方

交流的双方都希望对方能倾听自己，肯定自己。即使在对方表达的同时，也希望能获得你的认可和肯定。尽管对于你来说，可能并不赞同他的一些想法和看法。但是对于他来说，因为你没有反驳和辩解而认定你是支持和肯定他的，他会视你为自己人。因此，要想获得他人的好感，就要通过不断地点头来肯定对方的说法有一定的合理性。

3. 眼睛要认真注视着对方

人与人之间的交流是从心开始的，而眼睛又是心灵的窗户，所以交流的双方基本上是用眼神的。在倾听别人说话的时候，一定要用眼睛注视着对方，这样会让对方觉得你在认真地倾听，从而感受到你内心的那份真诚。

4. 时常重复得到对方确认

人与人之间的交流是个互动的过程，同样别人在倾诉的时候，也希望你能够参与进来。所以，在倾听别人说话的同时，要时不时地重复对方的话，并求得他人的肯定。这样不但能表达你在认真地倾听，而且可以借着这个机会把自己没有听明白的话弄明白。以免对方突然问你的意见，你回答不上来，或者回答错误，让对方心情大受影响。

说话要给别人台阶，保全其面子

正如古话：“人活一张脸，树活一张皮”一样，中国人素来很爱面子，尤其是在人际交往中，更是处处怕失了面子。但人们常常也会因经验或能力的不足而面临尴尬的局面，下不来台，对于谁都是很尴尬、很没面子的事。此时，人们是很希望有人给个台阶的。这样看来，我们在与人交谈时，有时候只要我们给对方一个台阶，就是给对方面子，对方自然也会感激我们。相反，说话咄咄逼人的人是不会赢得别人的友谊和良好的人际关系的。

所谓打圆场，是指人际交往中，当出现不和或者尴尬场景时，有第三者出面进行调节、以缓解现场气氛的一种方法。打圆场运用得好，能起到消除尴尬、缓解气氛甚至联络感情的效果，能加深彼此之间的感情，在人际关系中左右逢源！

一群二十年后相见的老同学在一起聚餐，有一男一女曾是同桌，因而说话遮拦便少一些。但不久前女同学丈夫因病去世，男同学并不知道，因而在玩笑中毫无顾忌地提及其丈夫。另一同学知情，便忙阻止，但这位男同桌不知其详，玩笑开得更为厉害。阻止的同学只得说出实情，这个男同学可谓无地自容，不知如何是好，整个场面也立即安静下来。这时，这位告诉其实情的同学赶紧走到他身边，象征性地打了一下男同桌的头，然后调侃地说道："你看你这嘴，几十年过去了，还和当学生时一样没有把门的，不知高低深浅，只知道胡说八道。该打嘴！该打嘴！"女同学见状，虽有说不出的苦涩，但仍大度地原谅了老同学的唐突，苦笑着说："不知者不为怪，事情过去很久了，现在可以不提它了。"

事后，男同桌对这位帮其解围的同学说："今天真是谢谢你，不然我可真下不来台了。”

案例中的这位男士，在因自己造成冷场之后，陷入了尴尬的境地，幸亏他的同学及时站出来为其解围，让这位男同桌获得了谅解，也让谈话得以继续进行。

任何时候，善解人意的人总会得到别人的认同，因为大概谁也不会反对被别人喜欢。那么，你不妨也学一点“打圆场”的技巧，当对方陷入尴尬境地时，给其提供一个下台阶的机会，那么，不仅能赢得对方的感激，还能帮你树立一个良好的社交形象。给人一个台阶，往往是拥有朋友的开始，也是自己成功的开始。

实际上，任何时候，一个善于打圆场的人，必定会左右逢源，无论争执双方，都会对其心存感激，当然，打圆场”不是耍嘴皮子，不是低三下四地奉承，它考验的是一个人说话的艺术，如果你能学会这门艺术，并注意勘察交际场合的“风云变幻”，适时地站出来打打圆场，那么，就能营造出和谐的交际氛围。

因此，我们不但要注意尽量不要因为自己的疏忽而让别人下不了台，也要尽量在他人遇到尴尬之事时，巧妙地为其打圆场，这是一个技巧性问题，要注意方法。否则，很可能造成适得其反的结果。这里要注意几点：

1. 要注意不显山露水

这样，既能使在场人不察觉到，又能让当事人消除尴尬，这才是最巧妙的“台阶”。

2. 要注意用幽默语言作为台阶

幽默是一种语言艺术。运用幽默的语言来打圆场，往往能使人们或开怀大笑或会心一笑，总之都能迅速缓解现场尴尬气氛。

3. 找个借口，为对方挽回面子

金无足赤，人无完人。在生活中，谁都可能有错误和失误。有些人之所以会在交际中陷入尴尬境地，就是因为在交际场合暴露了自己在语言或者行为上的一些缺陷，于是，就造成了整个局面的尴尬。在这种情形下，最行之有效的打圆场的方法，莫过于换一个角度或找一个借口，以合情合理的解释来证明对方有悖常理的举动或语言在此情此景中是正当的、无可厚非的、合理的。这样一来，对方的尴尬解除了，正常的人际关系也能得以继续下去了，而我们在无形中也多交了一个朋友。

总之，人与人之间的谈话中，锋芒毕露和咄咄逼人是大忌，表面上，这是精明的表现，但实际上，当你对别人“赶尽杀绝”的时候，你也给自己断了退路。而会给别人台阶、给别人打圆场，是中国人的做人和语言艺术，也是做人老道的标记。帮对方打个圆场，和谐了交谈中的氛围，别人会感激我们，你给对方留下的也是一个善解人意的印象，好人缘自然接踵而至！

凡事有度，开玩笑要慎重

日常聊天中，开个得体的玩笑，可以松弛神经、联络感情、活跃气氛，因而诙谐幽默的人常常会受到别人的喜爱。不过，开玩笑也要讲究分寸，如果玩笑开得不好，不仅达不到聊天的本来目的，还可能适得其反，伤害彼此的感情。

小沈和小宋是一起进入公司的新人，经过一年多的朝夕相处，他们成了好朋友，不但在工作上相互扶持和帮助，在生活中彼此也互相照应，关系亲密。

这天是愚人节，小沈突然气喘吁吁地跑进办公室，对小宋说："小宋，你媳妇不小心摔倒了，马上要生了！"小宋的媳妇身怀六甲，还有两个多月才到预产期，因而当听到小沈的话时，他马上觉得脑袋一片空白，心里紧张得要死。他不顾一切地跑出办公室，因为电梯人多，居然一口气跑下二十几层楼，才气喘吁吁来到路边打出租车。这时，小沈的电话来了，小宋赶紧接电话，说："快说，哪个医院！"小沈的笑声从听筒里传来，他笑得上气不接下气，说："哈哈，小宋，你上当了，难道你不知道今天是愚人节吗？！"

小宋就像虚脱了一般回到办公室，脸色铁青，从始至终没有和小沈说过任何话。小沈这才意识到自己的玩笑有些开大了，虽然他连忙和小宋道歉，但是小宋却听若未闻，根本不理他。直到一周之后，小宋才以拒人于千里之外的态度对小沈说："哥们，以后开玩笑悠着点儿，别太过分了。咱们以后就是普通同事关系，再也不要和我开玩笑。"从此之后，小宋果然不再和小沈走得那么近了，就这样小沈失去了一个好朋友，懊悔不已。

在这个事例中，小沈的玩笑显然是太过分了。对于一个身怀六甲的孕妇而言，摔倒早产是人命关天的大事，根本不能用来开玩笑，即使关系再好的朋友之间也同样不可以。而且，小宋被骗之后，不顾一切地朝着医院奔去，如果途中出现什么意外，也是会导致很严重的伤害。不得不说，小沈的玩笑真的太过分了。小宋从此与小沈绝交，也可以体谅他的心情，毕竟没有人愿意被诅咒自己的妻儿生命出现危险。尽管小沈并非出于恶意，但是对于妻子即将生产的小宋而言，这样的玩笑无疑是很晦气也很忌讳的。

小刘是个机智灵活的女孩，上学的时候就因为开朗活泼、言辞幽默得到老师的喜欢，参加工作后更是因为总能逗大家开心，成了大家口中的“开心果”，身边更不乏朋友。她毕竟是大学毕业，在后勤部门已经一年多了，照说也应该有变动，可是不知道为什么，就是没有升职。后来，她四处询问，才知道原来是自己不小心得罪了领导。看来还是喜欢开玩笑的毛病害了自己。

有一天，后勤部张主任穿了身新衣服来上班，灰西装、灰衬衫、灰裤子、灰领带。同事都没有说话，都在工作着，偏偏好动的小刘看见了进来的张主任，于是高声地喊着：“哎呀，穿新衣服了？”张主任本身就害怕，怕她对自己指指点点，听了只是咧嘴一笑，没想到小刘还没“放过”张主任，接着捂着嘴笑：“哈哈，像只灰耗子！”张主任听完，脸色发青，什么都没说，就径直去了办公室。

尽管小刘一直努力、认真地工作着，但由于接连开过火的玩笑，张主任根本不愿意接触小刘，以至于小刘无法与领导经常沟通交流，工作开展得也很不顺利，三年一直在公司底层也是情理之中的事情。

案例中，小刘开的是个黑色玩笑，有点过火了。领导穿了新衣服，的确可以评价一下，但不能把领导比作“耗子”，这无疑是贬损了领导的人格和尊严，让领导颜面尽失。当然，小刘开这个玩笑是无心的，但在领导听起来，却不高兴了。如果小刘换一种评价的方式，比如说：“您今天这身新衣服真显气质！”那恐怕张主任对小刘又是另一种看法了。

的确，开玩笑本来是一种调解谈话气氛的良好方式，但如果使对方太难堪了，就并非开玩笑之道。你笑你的同学考试不及格，笑你的朋友怕老婆，笑你的亲戚做生意上了当而亏本，笑你的同伴在走路时跌了跤……这些都是需要同情的事件，你却拿来取笑，不仅会使对方难于下台，而且表现出你的冷漠。

同样，也不可拿别人生理上的缺陷来作你开玩笑的资料，如斜眼、麻面、跛足、驼背等，别人不幸的，你应该给予同情才是。如果聊天的人中，有一位在生理上有缺陷，那么在谈话中，最要避免易使人联想到缺陷方面去的笑话。

可见，在与朋友或同事聊天时适当开几句玩笑，能增进彼此间的感情。但是，开玩笑也要注意一些问题：

1. 开玩笑要分层次

与关系亲密的人、关系一般的人、来往较少的人，开玩笑时都要分清层次。

2. 开玩笑要善意

不能为了愚弄别人而搞恶作剧，否则玩笑就会变成对对方的伤害，甚至给对方留下心理阴影。

3. 开玩笑要看对方的性格

如果对方是个事事较真的人，最好不要开玩笑。

4. 开玩笑要选择适当的时机

不要在对方忙得不可开交或心情抑郁时开过分的玩笑。

5. 开玩笑还要注意对方的职业

在医药行业，你在对方的抽屉里放一只假臂可能都不过分；但在法律行业，可能你在某人椅子上放一个“吱吱”作响的坐垫，就已经是极限了。

掌握以上几个要点，能帮助我们拿捏好玩笑的分寸，以使交谈双方在玩笑中增加感情！

用语言贬低他人，其实也贬低了自己

现代社会，人与人交往，除了要达到某种实质性目的比如利益合作外，一般都是为了从交往对象心中得到一种价值认定。我们每个人，没有人希望自己的能力和价值被否定，也没有人希望被人贬低，因此，通常情况下，人们都喜欢与那些赞赏自己、崇拜自己的人交往，排斥那些贬低自己的人，而对于那些懂得把荣誉和光芒让给别人的人则是倍加感激和崇敬。因此，我们要明白，与人交谈中，人们关心的都是自己，你如果贬低他人，最终的结果就是自己被轻视。

的确，每个人都渴望表现自己从而引起人们的重视，但真正的进步，是靠你不断努力所创造的价值来体现的。你不能“以别人为台阶向上爬”。当你发扬自己的优点时，就是在强调自身价值，而当你以贬低别人来抬高自己时，实际上是在强调别人而不是你自己，这样，往往很容易得罪别人。因此，当你不会说话时，与其说一些贬低他人的话，不如保持沉默。

有一个领导，想让下属小李给自己办件事——翻译一篇稿子，于是，他把小李叫到办公室，对小李说：“小李，你今天看起来不错啊，听说你最近很闲，是不是没什么事情干。这样吧，听说你以前是英文专业毕业的，反正你也是闲着，就帮我把这篇稿子翻译一下，这个周末之前就交给我！”

“周末？今天都周四了，那不好意思，我恐怕要跟你说声抱歉。下周一我就得出差，还需要准备很多资料呢，所以可能没时间为你翻译。对了，科长不是专业英语研究生毕业吗？这点事，对您来说，肯定是小儿科吧。反正我正职的工作都做不好，就别说翻译这么重要的事情了。”

“啊，我知道了，算了，不求你也罢。”

这里，我们看出来，这位领导托下属办事的方式方法实在不对，求人办事，首先最重要的就是态度问题，而他却一开口就贬低自己的下属，说下属很“清闲”，如此一来，对方哪还会想替你做事，这实在是糟糕透顶的谈话。

我们在谈论之余，可能更会感慨，贬低他人的同时，可能就给自己埋下了一个祸根：当别人以实力证明了自己的同时，你就会为自己的那些贬低之言付出代价，也就是说，贬低他人的后果就是自己也被人轻视。“满招损，谦受益”，这是再浅显不过的道理，想要通过贬低他人来抬高自己，无疑是最愚蠢的做法。

正如人们常说的，不要把自己的幸福建立在他人的痛苦之上，这样归根到底是不正确的。和他人比较也正是如此，当我们以自身的优点和他人的缺点相比较时，我们就是在以自身的优点贬低他人的缺点，自然无法给人留下好印象。与此恰恰相反，假如我们能够多为对方考虑，多多夸赞他人的优点，非但不会贬低我们自己，反而能够表现出我们的崇高形象。

近来，刘娜和张婷一起去外地出差，准备为公司采购一批紧俏物资。到达外地之后，她们才发现外地货物紧缺，市场已经缺货，必须等至少两个月才能有货。为此，刘娜和张婷一起沮丧地打道回府，她们都很发愁如何才能向老板交差。

回到公司，她们一起去向老板汇报工作。刘娜首先把外地货源紧缺的情况向老板进行了简单说明，老板也对情况表示了理解。不想，张婷突然对刘娜说："娜姐，要不是你那天因为贪睡，导致我们出发晚了，也许提前一小时订货，还能找到些许货物应急呢！"听到张婷的话，刘娜马上变了脸色，她不高兴地说："你这个人可真逗，你把这么大的帽子扣在我头上，我能戴得起吗？这本来就没有货了，跟我起床早晚有什么关系呢！"老板听到张婷的话，马上说："刘娜，你可要虚心接受批评啊。你以后必须改正，再出差的时候要早些起床，毕竟情况瞬息万变呢！"刘娜当然无法反驳老板，只能吃了这个哑巴亏，但是此后在工作中她始终对张婷敬而远之，而且再也不愿意亲近张婷了。

因为张婷在老板面前告状，导致刘娜被老板抓住了小辫子。其实，老板并不傻，他也知道张婷是在明目张胆地推卸责任，因此对张婷也并没有留下好印象。虽然刘娜没有当场与张婷翻脸，但是此后却疏远张婷，不愿意再与张婷合作，这对于张婷而言当然是一种损失。为人处世，不管是在生活中还是在工作中，我们都要避免贬低他人。我们当然可以抬高自己，但是却要以恰当的方式。当我们肆意贬低他人的时候，我们非但无法抬高自己，反而会给他人留下不好的印象，得不偿失。

俗话说："两军相遇智者胜。"千智万智又以攻心为上。在人与人沟通和交往的过程中，人心可谓是最神秘莫测的世界。要打开人心这扇紧闭的大门，并非毫无办法。只要你切实掌握一些行之有效的技术技巧，自然就能很容易地敲开任何人心灵的大门。以下是几条忠告：

1. 尊敬别人，重视别人

尽量使用敬称——"您"而不是"你""你自己""你的"，懂得称呼，是每个人必须具备的最基本的一项素质。

还比如，如果有人求你办事，因为你暂时在开会或者有其他事，如果要见你的人必须等待，那么，你一定要有意识地让他们知道你知道他们在等，这是重视别人的一部分。当你见到等你的人时，可以这样说："对不起，让您久等了。"这些简单礼貌的话语，往往会让那些等你的人，心里感到十分温暖。

2. 关注每一个人

如果是多人在场的交谈场合，你不要只关心那些领导者或发言人，也不要只是关注那些有权威的人或值得你关注的人，因为孤雁难成群，而且，那些暂时不起眼的“小人物”，也可能成为未来的“大人物”。

3. 意见分歧时，好言相劝

当你与交际对方产生一些分歧时，不要显示你的嘴上功夫，将对方说得一无是处，甚至贬低对方，这样做，只会恶化你们间的关系。任何人都有自己的人生观、价值观等，对同一件事，自然也会有不同的看法，俗话说：“对事不对人”，有意见可以保留，但不能贬低他人。

4. 不必过分急躁

在与人相处时，不要表现出你的过分急躁。因为过分的急躁会令人感到疑惑、怀疑。他们会对你的行为感到不安，并退避三分。

总的来说，只要你在平时注意做到以上几点，那么，你肯定会给人们留下良好的印象。

即使是闲谈，也要避开言语禁忌

人际交往，并非单纯的与人说话交流，更多的是一种技巧性的沟通，因此，当我们与别人谈话时，必须始终要意识到，你在对方面前扮演的是双重角色，言语交流也是具有双向性的，也就是说，我们的责任不仅是把自己的思想表达清楚，还应考虑怎样谈才能使对方产生兴趣，易于理解，并根据对方的各种反馈信息来调整自己的讲话内容和方式。而这一切的存在，都依赖于一个先决条件——不触及到人际交流中的禁忌。

我们来看下面的一个真实故事：

1972年2月16日，日本知县的一位小学老师突然杀死自己的岳母和妻子。原因是他不堪忍受岳母的咒骂：“你这蠢货！不但不能好好养家糊口，竟然还四处借债。你最好请个邻居作证人，顺便把房子卖掉，夫妇俩离婚，只怕你还做不到。”

故事中的小学老师，之所以会做出如此过激的行为，引发这一悲剧，直接原因是其岳母对其进行了人格羞辱，使他的自尊心受到极大伤害。因此，决不能随意伤害他人自尊心，要谨慎地选择言语。

当然，现实交际中，不慎言谈并不会引起如此恶劣的结果，但会损害人际关系，疏远人际距离。那么，除此之外，在交际中，我们还该注意哪些交谈禁忌呢?

1. 意识形态、宗教类话题

因为上述话题都具有强烈的立场，一旦谈起来可能会引起激烈的争辩。

2. 隐私类话题

所谓隐私，着眼点就在“隐”，指的就是人们不愿意说出来的、公开的情况，也就是秘密。任何一个人，即使再外向，也都有不希望他人知道的隐私。同时，在极为重视隐私权的现代社会，人们即使交朋友，也希望自己的朋友能和自己保持一定的心理距离。因此，如果你的朋友愿意向你透露他的隐私，那么，这是因为他信任你，你应该感到荣幸，但是你若不能保守秘密，则会使朋友伤心，甚至让他离你而去。

的确，隐私是人的心灵深处最敏感、最易激怒、最易刺痛的角落。无论是当面还是在背后都应回避这样的话题。

如果询问对方有关生活部分的隐私，如“恋爱没？”“收入怎么样？”之类的话题，便很可能让对方觉得尴尬，因此，最好不要随便提及。

赵丹与小倩从小就是好朋友，两人之间几乎无话不谈。赵丹人长得漂亮，又聪明，但就是不太爱学习，高中毕业后赵丹没考上大学，于是就南下广州打工了，小倩则考上了北方的大学。两人一别四年。

小倩大学毕业后，回到老家在一个事业单位做了一名普通的职员。赵丹也回来了，人不仅出落得越发迷人，并且还投资建了一个小工厂，生意十分红火，没几年就成了当地有名的女企业家。小倩嫁了一个小职员，而赵丹却和当地副市长的儿子结了婚。两人的差距越发大起来，小倩心中的落差也就更加明显了。于是她开始故意疏远赵丹，而赵丹却丝毫没有觉察，还时常送小倩各种礼物。

有一次，赵丹从美国回来，给小倩带了一瓶香水。小倩上班时喷了一些，同事闻了都说好闻。有人羡慕地说：“还是有个有钱有权的朋友好哇！”旁边有人接话：“那是，什么都不用自己买，还可以常常用名牌。”小倩的脸沉了下来。她把香水直接扔进了抽屉。周围的人还在议论：“你说人和人怎么就不一样呢？从小一起长大的朋友，一个在天，一个在地。”“但这也不错，最起码大树底下好乘凉啊！”又有人酸溜溜地说。小倩气愤极了，她站起来大声说：“有什么了不起的！她有今天，不就是当年在广州傍了个大款吗？否则怎么可能有钱开厂？”

所有的人都被这句话吸引了过来，缠着小倩让她说个仔细。小倩这时才觉察自己话说得有些过头了，急忙找了个借口离开了人群。但是这句话却像长了翅膀一样，立刻传遍了全城，更有人添油加醋，说得不堪入耳。赵丹离婚了，工厂也最终倒闭了。赵丹离开了家乡，不知所踪，但是临走前给小倩寄来一封信，里面说小倩以后出门最好小心点。小倩当场吓得昏死过去，醒来后神经就有些不太正常，整日害怕赵丹会来找她报复。最后，老公受不了，也提出了离婚。小倩后悔得肠子都青了，但是却已经太晚了。

这一切都归咎于小倩随意说出了好友的隐私，最终导致两个人落得这样的结局，真是令人叹息。生活中因为好朋友的特殊关系，我们常常会知道一些别人所不知道的秘密，那么为信任你的人保密，就成了你义不容辞的义务和责任。因为隐私一旦暴露，就再也没有私密性可言，不但隐私会变成大家茶余饭后津津乐道的谈资，被暴露的人也会成为众人的笑柄，从而造成心理上的伤害。且不管对方是否因怒生怨，做出一些伤害你的事情，单是自己心灵上的愧疚与自责就会折磨得你彻夜难安。

3. 不便回答的话题

比如，你在逛街时遇到一个女同事，你会随便问一句：“你怎么在这儿？”或“你要去哪里？”

而实际上，你可能没想到的是，你这样的问题，对方是不便回答的，因为有时候对方可能并不想告知你她的目的地，也许她只是漫无目的地散步。另外，有些多心的人对于问“去哪里？”这样的问题是极为反感的，因为他们会认为：“这是我的隐私，与你何干？”

4. 敏感话题

一般来说，这些话题包括女士的年龄和体重、谈话对方的婚姻问题、收入问题等。比如，当你无意中告诉一位女士：“你胖了”，她会担心自己是不是体态走样了。相对地，也许你说他（她）瘦了，刚好那时对方正受到疾病的困扰，就会误触人家的伤心事。总之，个人想法、立场不同，某个话题，也许你认为没什么，却可能是别人的禁忌，特别是别人身体上的改变，尽量少拿来做寒暄的话题。

对待敏感话题，反应一定要快。有人会想，以前谈及这一类话题都没问题，现在必定也一样。这种“轻忽”态度很要不得。

除此之外，大家应该了解的一个原则是：特定的场合有着特定的敏感话题，不要“误踩地雷”。例如，在一些喜庆场合，千万不要讲晦气的话题；相对地，在葬礼等场合，就不应该讲开心的话题。

在某次结婚典礼即将结束时，忽然有个人谈起了“离婚”话题：“千万不要结婚。我离过三次婚，对这一点太有体会了，所以我要对你们提出忠告……”这人实在是大煞风景。

那么，怎样才能避免类似的错误呢？最好的方法就是“设身处地”地站在他人的立场来看待自己的言谈。

总之，我们在与人交往的时候，要注意交谈规则，规避交谈禁忌，注意用恰当的方式把要说的话说好，使语言沟通成为人际关系的“润滑剂”。

谈话时注意场合，避免“祸从口出”

在日常交际中，人们要注意自己说的每一句话是否符合自己说话的场合，如果场合不对那很可能会给我们带来难以解决的麻烦。

有这样一个故事，相传在春秋时期，越国有一个人大摆筵席，宴请宾客。时近中午，还有几个人未到。他自言自语地说：“该来的怎么还不来？”听到这话，有些客人心想：“该来的还不来，那么我是不该来了？”于是找个借口起身告辞而去。

这个人很后悔自己说错了话，连忙解释说：“不该走的怎么走了？”

其他的客人心想：“不该走的走了，看来我是该走的！”也纷纷起身告辞而去，最后只剩下一位多年的好友。好友责怪他说：“你看你，真不会说话，把客人都气走了。”

那人辩解说：“我说的不是他们。”

好友一听这话，顿时心头火起：“不是他们！那只能是我了！”于是也生气地走了。

这个可怜的越国人，直到最后所有的客人都走光了，他都不明白是自己说的话给自己惹了祸。从这个故事中，我们要有所领悟，就是因为这个越国人在说话之前没有注意场合，没有好好考虑一下自己说的话，才造成了这样的结局。

当我们在与不太相熟的人交谈时，应把对他人的尊重摆在第一位。以诚待人，不评论他人的隐私和是非，每说一句话都要先思考自己说的话是否合适，不要自以为是、口无遮拦地说长道短。我们和亲近的亲人或朋友或许不用如此小心谨慎，而对自己的领导、长辈、不熟悉的朋友，在谈话时还是应该注意一下场合，以免“祸从口出”。

某法院正在审理一起事态严重的盗窃案，这起案件已经审理了很长时间，而被告在被审问时，对作案时间始终交代不清。为了能核实具体的情况，审判长决定传被告之妻到庭作证。但由于过分着急，审判长脱口而出：“把他老婆带上来！”

法庭顿时哗然，严肃的气氛被冲淡了。

法官的这句话，很明显说得不适宜，当时，审判长应该运用法庭用语，宣布“传证人×××到庭。”由于以日常用语取代了法庭用语，故而闹出了笑话。

语言是很丰富的词汇，只有依据不同的场合，选取最恰当的词语，才能准确地表达自己的思想感情。

小张和英子是一对形影不离的好朋友，两人私底下无话不谈。

在一次同学聚会上，小张一时兴起，便随意开起了玩笑，笑着对大家讲了英子暗恋班上某男生的事，而那位男生已经有了女朋友，而且当时也都在场，一时间，弄得英子很尴尬，下不了台，最后英子只好黑着脸离开了。

小张的一时兴起，在不合适的场合抖露出了英子的隐私，导致双方都尴尬不已。这就是不考虑说话场合的下场。实际上，我们在和任何人交流的时候，都要做到“三思而后说”，不然往往会给我们造成难以挽回的损失。

人际交往时，很多人都有过因说话行为与说话时境失去统一、和谐而产生过这样的懊悔：“在那种情况下我不该那么说。”说话行为与说话时境必须保持统一，这是一条不可违背的规律。

曾有一位公司的总经理查尔斯先生说过：“之所以要讲究说话的技巧，是因为许多人常常不假思索就信口开河，因而导致种种的不良后果。”

不论什么时候、什么场合，说话时都要注意说话的分寸。没有考虑周到的话，最好不说。说话注意分寸，要做到慎言、忌口，还要注意说话的场合、地点和说话的对象，不要不管三七二十一，乱说一通，同时还要注意说话的内容和形式，做到该说的说，不该说的半个字也不说。

说话看场合，常见的有以下几种区分：

1. 根据场合的庄重与否说话

举个很简单的“我特地来看你”，显得很庄重；而“我顺便来看你”，有点随随便便看你来了的意思，可以减轻对方负担。所以，我们要视庄重与否说话，在庄重的场合不能说“我顺便来看你”，这样就显得不够认真、严肃，会给听话者蒙上一层阴影。而明明是“顺便”做某事，却说“特地”，有些小题大做，让对方增加心理负担。

2. 根据场合的正式与否说话

在非正式场合下，说话就不可文绉绉的，而应适当随便一些，像聊家常一样，便于感情交流，谈深谈透；在正式场合说话应引起重视，事先做好准备，不可语言俗不可耐，不能乱扯一气。

3. 根据交往关系的亲疏说话

人与人之间的关系，通常是亲疏不一的，有“自己人”，也有“外人”。这就决定了我们说话要注意场合。对外人，要本着“逢人只说三分话，未可全抛一片心”的原则。而对自己人，可以“关起门来谈话”，可以无话不谈。

4. 根据场合气氛说话

一般地说，说话应与场合中的气氛相协调。在别人办喜事时，千万不要说悲伤的话；在人家悲痛时，不要说逗乐的话，甚至哼哼民歌小调，否则别人就会说你这人太不懂事了。

人们常说“说话要注意场合”“到什么山上唱什么歌”，这是告诫我们说话时要注意所处的时间、地点和周围的情况，要知道，说出的话就如泼出去的水，想要再收回是不可能的事情，所以说话时注意场合就成为非常需要关注的事情，要尽量做到“三缄其口”。

我们在与人打交道时，不要图口快，要做到三思而后行，三思而后说。我们在说话之前要仔细考虑好所有的情况，才能够顺利地达到自己的目的；同样，在说话之前也要仔细考虑好，自己的话是不是适合这个场合，这样才能够达到自己想要达到的效果，否则，就有可能把事情搞砸。

第10章
牢记目的，高难度谈话最终是为了付诸行动

在现实生活中，不少人已经认识到深谙谈话技巧对于传达思想和达成合作的重要性。然而，一些人会为了谈话而谈话，在谈话中，他们说话越说越远，最终忘记了讲话本来的目的，要避免这一点，就需要我们在开口前就警醒自己，只有这样，在谈话结束时，我们才能提出建议，鼓励听者采取行动。

牢记谈话目的，才能不偏离主题

在我们的日常工作和生活中，我们发现，不少人说话有一个明显的弊病，那就是非常啰嗦，他们把一些极为简单的问题复杂化。本来三言两语就能说清楚的问题，他们非要重复无数遍，结果越说越离谱，自己也搞不懂在说什么。人们通常会从一个人的说话看这个人的做事风格，说话干脆、不拖泥带水的人，大多就是自信心很强、办事果敢的人；而那些长篇大论、废话连篇的人，则通常都是思维比较迟钝，做事也犹豫不决、优柔寡断，这无疑就是平庸无能的人。

的确，不少人已经认识到谈话中牢记目的的重要性，但即便如此，在说话的过程中，他们还是经常越讲越远，最终忘记了讲话本来的目的。

威廉·詹姆斯曾对卡耐基训练班中的教师进行了一次演讲，在这次演讲中，他表示，一个人在一场演说中只能针对一个要点进行说明。他这里所说的演讲也只是那种时间被划定在一小时内的演讲。卡耐基曾听过一场时间只有三分钟的演讲，而演说者开始时就说自己要谈论的要点有十一个，我们粗略地估算一下，也就是每个要点只花费十六秒半的时间，有这样“聪明”的人吗？居然会有如此荒谬的想法，太不可思议了。

当然，这个例子比较极端，但是通过那样的方法，即便程度不足，也足以妨碍任何一个新手。这就好比一个导游要在一天之内将巴黎的景点全部走一遍，这不是办不到，但这就好比你在半个小时之内看完了美国国家历史博物馆一样，你也根本不知道自己到底看到了什么，你此时就必须要像一只敏捷的山羊一样，要立即从这个点跳跃到那个点。

其实，在现实生活中，不少人在这一方面让听者很讨厌，虽然他们一直不停地在表达观点，但是就是说不清楚，也从来未能将他们想表达的意思表达清楚。

一天，卡耐基去拜访一家公司的总经理，但是当卡耐基到达那里的时候，他看到这间办公室的门牌上写的是其他的陌生的名字，卡耐基便询问这家公司的人事组长，刚好此人是他熟识的一个老朋友，他说："他的名字坑了他。"

"他的名字？"卡耐基吃了一惊，不知道什么意思，于是，继续说，"他不是掌管这家公司的董事之一吗？"

"我说的是他的绰号，你大概不知道他的绰号叫'他现在在哪里'吧，在我们公司，大家叫他'他现在在哪里·钟斯'。他担任总经理职务不久就被这个家族换掉了，因为他虽然是总经理，但却总不肯花心思去研究公司的业务和运转情况，他经常这里窜一下，那里窜一下，一天到晚跑来跑去，比如，在他看来，研究一场买卖远没有去速记员那里拿张纸重要，所以，他几乎很少在办公室，也就有了'他现在在哪里'的绰号。"

"他现在在哪里·钟斯"这个人其实与生活中的不少演讲

者很相似，这些演讲者之所以不成功，就是因为他们和钟斯先生一样，总是想去包揽更多的事。假如你也曾听过他们的演讲，估计你也会听着听着有“他现在在哪里”的想法。

在我们的现实生活中，一些有丰富讲话经历的人也会犯类似的错误，可能是他们有多方面的才华，以至于他们根本看不到精力分散的危险，但我们不能像他们一样，而应该在说话的时候紧扣主题，让他人知道你要表达的意图是什么。

总之，我们在说话的时候，一定要明确谈话目的，尤其是要知道自己的说话目的及要说的主题是什么，唯有这样，我们才能始终围绕这个主题展开，也才能让他人听懂你要表达什么，并给予你想要的回应。

有困难时大胆说出来，别不好意思

一个人从踏入社会那一刻起，就意味着你必须学会如何说话、如何办事，办事、说话的能力怎样，也决定了这个人未来的人际关系和生存状况。世上没有办不成的事，只有不会办事的人。对于有社交恐惧的人来说，主动求助他人太难了，他们会觉得不好意思、害羞、怕被人拒绝等，但在人际交往中，如果你希望交到真正的朋友，就要学会示弱，学会求助于人。如果你能做到这一点，在困难时找朋友，那么，必能密切彼此的关系；而如果你不好意思或者死要面子，那么，就必然会走向极端，甚至让你失去结交挚友的机会。

战国时期，在齐国有个叫黔敖的大善人，此人总是乐善好施，因此在百姓中广为流传。

这一年，齐国闹起了严重的饥荒。于是，黔敖在路边准备好饭食，以供路过的饥饿的人来吃。

一天，有个饥饿的人很想接受黔敖的施舍，但却很爱面子，于是，他只好用袖子蒙着脸，无力地拖着脚步，莽撞地走来。黔敖看到这个人，就左手端着吃食，右手端着汤，对他说道："喂！来吃吧！"那个饥民扬眉抬眼看着他，说："我就是不愿吃嗟来之食，才落到这个地步。"黔敖追上前去，向他道歉，但他就是不吃，最后饿死了。

"宁可饿死，也不受嗟来之食"，表面上看，这是有自尊心的表现，但实际上，这是典型的"死要面子活受罪"，谁又愿意与这样不懂变通、死要面子的人结交呢？

很多时候，我们进行社交活动，都是为了获得友谊，希望拥有更多的朋友。但如果朋友之间，彼此都老死不相往来，在需要帮助时也羞于开口，那么，还有什么交情可言呢？

的确，日常生活中，有太多无奈，你不得不去求人。假如你是一个下属，希望能升职加薪；假如你一名病人，希望能找到一个医术高超的医生治愈你的病痛；假如你还为工作发愁，希望能找到一份如意的工作；假如你急需用钱，希望能筹借到这笔钱……这许许多多、大大小小的希望便构成了生活。生活会迫使你不得不去求助于别人，但有些人一提到求人就皱眉头，甚至羞于告人，他们对求人怀有一定的偏见，认为那一定是卑躬屈膝、低三下四的。其实不然，人身为社会人，就不可能做到万事靠自己，寻求帮助是一种生存方式，而事实上，在我们向朋友求助时，更体现了我们对对方的信任，这是互通感情的最佳方式之一。

当然，向朋友求助也需要注意一些问题，具体来说，我们需要注意的是：

1. 过心理这一关

这是我们首先要做到的，身为社会人，就必须学会收敛自己的很多个性，融入到社会中，既然不能不求人，倒不如理直气壮去求人，求人不必虚张声势、空话连篇，但是也不必灰溜溜、乞哀告怜、任人奚落。

2. 语言要做到诚恳

所谓诚恳是指要让被请求者感到你是发自内心地求助于他，从而重视你的请求。这是求人成功的先决条件。

3. 不强加于人

不强加于人是指不用命令、祈使的语气，而多用委婉、征询的口气，例如，尽可能地使用“麻烦……”“劳驾……”“可以……吗”这类句式，即使对相识者也不妨这样。

4. 语言一定要简明扼要

世界著名演讲艺术家弗尔特说：“你应该时常说话，但不必说得太长，少叙述故事，除了真正贴切而简短之外，不讲为妙。”

向朋友求助，一定要表达自己的真情实感，不需要刻意地咬文嚼字、矫揉造作，有诚意、有真情才能打动朋友。

简明扼要的表达能力是实现一语中的、妙语如珠、赢得他人侧耳聆听的基础。同时，还要忌讳说话含糊其词。语言表达必须准确，说话前要谨慎思考，避免过于犀利或不文雅的言语。

5. 理解别人

不要勉强别人办很难办的事，因为每个人都有自己的难处。再者，当遭到拒绝时，不要过分追究原因。的确，被拒绝心里是很不好受的，任何人都想知道原因，但是如果穷追不舍地缠住对方，非问清原因不可，往往会破坏双方感情。你求人不得时，也不要过分坚持。对方既已拒绝，必有原因，如果过分坚持自己的要求，不但会使对方为难，而且也使自己陷入被动。因此，当你被人拒绝后要做到豁达大度，不抱成见。

总之，人生在世，谁都会遇到一些困难，有困难时找朋友才体现了真正的友谊。为此，如果羞于表达的话，恐怕，是没有人愿意答应你的请求的。大胆开口、真诚表达、说话情真意切，对方往往更愿意伸出援助之手。

丑话说在前，谈话要不留后患

任何一个有过高难度谈话经验的人都深知主导权的重要性，从某种意义上说，如果是利益双方争夺的谈话，那么所争夺的就是主动权。因此，为了避免在谈话后出现“后患”，我们就应该在谈话前就将“丑话说在前”。然而，现实中，并不是所有人都认识到了这一点，他们在双方的较量中很容易处于劣势，处处显得很被动，其节奏也往往被对手所控制，最后频频让步，以至于还要去争取突破底线的条件，最终导致商议破裂，达不成交易。我们先来看下面这样一个案例：

一天，某手机大卖场来了一位年轻时尚的小姐。在卖场转悠了半天的她终于停在了一款时尚、新型的手机旁，并比对着其他几款手机看了起来。这时候，销售员迎了上去。

销售员："小姐您好，您的眼光真好，我们这专柜的手机都是国内很知名的品牌，这几款手机都是今年的新款，都是针对您这样时尚靓丽的女性设计的。依我看，这款玫红色的手机就很适合您。"

客户："是不错，我感觉挺好的，可是这价格有折扣吗？"

销售员："这款手机的确挺适合您这样的时尚大方的女孩子。不过我们这些手机都是新款，是不打折扣的。如果是我，也会觉得有点贵，毕竟现在的手机都越来越便宜，不过一分价钱一分货，我们这款手机之所以价格相对较高，是因为它不仅有非常多样的功能，而且颜色鲜艳，时尚，款式设计新颖，不俗套，看起来非常高贵、典雅，是一种品位和个性的表现，如果相对于其他手机来说，这个价格绝对是划算的。"

客户："可是我还是觉得贵，要比普通的手机贵出一千块呢！"

销售员："您说的没错，一般的手机真的便宜很多。但可能是我还没有解释清楚，这款手机不仅外观吸引人，而且在功能方面也是相当先进的。您看一下手机功能介绍，无论是日常功能还是娱乐功能，都非常好。而且，这是一款新上市的手机，相对一般的新品来说，还是相对便宜的。最重要的是，我真的觉得这款手机很适合小姐您，可以说与您的大方气质相得益彰。您用再合适不过了。”

客户：“我是挺喜欢的，可是真的不打折吗？”

销售员：“是的，小姐。如果您真的喜欢，就拿上吧。这种概念型的手机都是限量版的呢，国内就几十款，如果您以后想买的时候很可能厂家就不生产了呢。那样的话您一定会觉得遗憾。”

客户：“是吗？那我就买这款了。”

案例中，这位销售员是精明的，当他发现客户看上了专柜中的这款手机后，立刻迎上去并承认客户的眼光，而当提及价格问题时，他先澄清价格贵的原因，这样就打消了客户还价的理由，于是，客户最终还是决定购买。

其实，在这样的谈话中，我们也可以吸收这位销售员的经验。在交涉前，先把丑话说在前头，就能守住自己的底线，也就能最终掌握主导权，从而让谈话结果有利于自己。

那么，具体来说，我们该怎么做呢？

1. 做足准备工作，先发制人

在开口之前，你必须要做到知己知彼，不但要清楚自己的底线，还要了解你的对手。为此，你不能完全指望双方交涉时的那几分钟，而应该事先就收集多方面的资料，然后加以分析，找出对方的优势、弱点、底线等。以商务谈判为例，你可以先到对方的销售点看看，从工作人员那里得知一些情况，这能使你在谈判桌上更有底气。

在做足这些准备工作之后，你应该尽可能地收集好一切

“可借助的力量”。只有这样，谈话一开始，自己才会处于有利的局面之中。

那么，双方交涉中“可借助的力量”是由哪些因素决定的呢？同样以商务谈判为例，进行商品买卖时，需求与供给的平衡状况就是重要的决定因素。对供给方来说，自己所提供的产品的需求量越大，对自己就越有利。对于商品生产者来说，如果能够生产出其他公司所不能生产的产品，或者与其他公司相比，能够准时地提供更为优质的产品，那么就对自己更为有利。

2. 保持冷静

冷静是任何一场高难度谈话我们都必须要具备的心理素质。为什么这一点如此重要？在很多交谈中，双方在利益上多半都是对立的，暴露自己的情绪无非就是给对方控制我们的机会。正如人们常说的：“谁先暴露自己，谁就输了。”因此，无论对方说什么，你都必须要控制好自己的情绪，保持冷静，也不要急于成交。

的确，你最应该优先考虑的，是你自己的谈话目的。同时，不要太在意谈话结果，尊重对手，轻松面对。

3. 倾听

很多谈话其实是一场心理的较量，因此，并不是说，说得越多，就越能掌握主动权，其实，情况往往是，谁听得多、说得少，谈话结果就利于谁。当然，在谈话中的听，也是学会听关键信息，比如，对手的漏洞、对方的底线、谈话风格等。

4. 划定需要谈的范围

双方一口气将最后的成交结果敲定的情况还是很少见的，

多半都会存在某些异议，有时候，需要双方都退一步，但你必须要明白自己退步的底线，也就是要了解自己接受条件的范围。

还是以商务谈判为例，付款方式就是一个没有商量余地的条件，因此，你应该事先声明的是，其他都可以谈，但必须现款。这样，在了解底线后，双方也免得费唇舌、浪费时间。当然，有时候，如果你觉得你一提出这样的范围就可能使谈判破裂，那么，你就要慎用这种方法，必要时候，你还是要做出一些妥协的。

5. 从共同利益点出发

在一些重要的谈话中，一些人过分强调彼此间的分歧而忽略了双方应该达成共同目标，从而都获得利益。事实上，如果你能站在对方的角度，多替对方说说话，那么，有时候，对方是愿意做出让步以实现共同利益的。这样的谈话结果往往会令双方可以愉快地接受。

可见，在现实的谈话中，并不是谁说得多，谁就说了算。很多谈话过程就是一场主导权的争夺战，我们一定要认识到这一点，将主动权始终牢牢掌握在自己手中！

演说结尾就要大胆号召，鼓励听众采取行动

我们都知道，我们在公共场合发表演讲，都是有目的的，而如何让听众接纳并按照我们的想法采取行动，其中一个重要

的方法就是在演说结束时提出希望，直接表明我们的演说目的。当然，这也有技巧可言。

托尔斯泰说：“真正的艺术永远是十分朴素的、明白如话的、几乎可以用手触摸到似的。”作为领导，从自身角度出发，告诉下属自己是如何做的，往往更有说服力。比如，如果你想要让台下的听众慷慨解囊，但是你这样开口：“尊敬的先生们和女士们，现在我要向在座的各位收取五美元。”那么，不管你的演说是多么有意义，他们是多么应该去掏这钱，在听了你的“号召”之后，估计也会立即离开。但如果你改变策略，先描述你去儿童医院探访的时候，看到了一个可怜的小孩，他在偏远的儿童医院，因为缺乏金钱、无法动手术只能等待死亡，而且，最重要的是，你也捐了款，那么，此时，你获得听众支持的机会就会增加不少。

的确，“编筐编篓，重在收口。”演讲收尾部分往往是点睛之笔，既是收尾又是高峰；既水到渠成，又戛然而止；既铿锵有力，又余音袅袅；既别开生面不落俗套，又来得自然，能给人以强烈的印象。然而，无论我们在演说时追求什么艺术效果，在结尾时都必须要达到总结陈词、点醒听众的作用。要达到这一效果，我们可以采用号召的结尾方式。

使用这一方式结尾，我们可以这样做：

1. 提出希望

这种结尾的方式是演讲者用深刻的认识和独到的见解向听众提希望、发号召，能使听众精神为之一振，具有动人情、促人行的作用。

2. 抒发感慨

我们放在结尾抒情怀、发感慨的内容，本身就是整个演说的核心思想。而把自己的情感注入这些思想，最易激起听众心中感情的浪花。如演讲稿《奉献之歌》的结尾：

啊！奉献，这支朴实的歌，这支壮烈的歌，这支深远的歌，这支永远属于母亲——我们的祖国的歌，让我们每一个中华儿女都来唱这支歌吧！

这个结尾，感慨万千，诗意浓浓，情真意切，情理俱在，给听众以极大的鼓舞和力量。

3. 警醒听众

1971年，智利作家巴勃罗·聂鲁达在题为《通向光辉之城》的诺贝尔文学奖受奖演说中提出，文学公开的推动力量在于提高诗人与公众联系的责任感，并承担社会进步变革的责任。这位智利获奖者用一个警句“诗是不会徒然吟唱的”结束了他的演讲。这样结尾既充满哲理，又给人鼓舞。

我们使用这种收尾方式突出重点时，应当注意，演说的目的重在鼓舞人心，而非危言耸听。

4. 给予评价

评价式结尾在令人思索的同时，也能给人力量。

英国的T. S. 艾略特是1948年的诺贝尔文学奖得主，他的受奖演说简短而富有个人特征：艾略特以对诺贝尔文学奖象征意义的评价结束他的演说。

他形容这次奖励“主要是对诗歌的国际价值的肯定”。有了这样一个相信诗歌具有超越和联系不同民族的作用和前提，就必须要指出，一个诗人站在世界的面前，并不是凭自己的成就，而是“作为一个时期的象征，象征着诗歌的伟大意义”。评价热情洋溢，具有极强的鼓动性。

5. 请求采取行动

演讲的目的不仅在于传达某种观点，还要有实际效用。成功的演讲者在讲演中说最后几句话时，会号召听众采取某种实际行动，并表明时机已经成熟。同样，领导干部发表演讲，也不要忽略这点。不过，请务必遵从以下原则：一是要求他们做明确的事；二是要求听众做能力之内的反应；三是尽量使听众易于根据请求采取行动。

总之，我们在公共场合发表演说，就要始终牢记演说的根本目的，要在演讲结尾提出号召，以慷慨激昂、扣人心弦的语言，对听众的理智和情感进行呼唤，或提出希望，或发出号召，或展示未来，以激起听众感情的波涛，使听众产生一种蓬勃向上的力量。

领导要给予明确的指令，下属才有具体行动方向

现代企业和组织中，任何一个领导者，在工作中都免不了要与下属谈话，而谈话的重要内容就包含了下达指令。指令是领导通过各种方式，如强制、征询、请托等，将工作计划中的各种任务交给部属分头执行以达成组织目标的一种领导方式。因此命令是一种使计划能付诸行动的必要方式，而且是每一位

领导责无旁贷的义务。然而，作为领导，需要对每一个人提出清楚明确的行动要求，才不至于有拖延怠惰或是诿过的情况，执行效率就可以提升。

三个月前，小林通过层层选拔，进入现在这家公司，但三个月了，他依然很不适应。一次，在和同事的闲谈中，他抱怨一份报告写了三次了，领导还是说不合格，他说："刚进公司，要学的事已经够多了，时间都不够用，偏偏报告要一遍遍地改，每一次讲的都不一样，都不知道要怎么写才好？"

"老板是怎么说的？"同事问。

小林说，第一次老板告诉他："把每天的业务电话记下来。"所以他就记下所有的电话和内容，结果老板说："不需要这么详细，浪费时间，只要记下有成交结果的电话就好了。"所以他就记录下成交的结果，后来老板又说："这样太简单了，你不能只写结果，还是要把互动的内容记录下来。"

案例中的老板和员工可以说是在彼此乱弹琴，一个说不清楚，一个听不清楚，时间就浪费了，再加上情绪的波动，或许会增加更多的负面效应，所以掌握明确的行动要求，在职场中是非常重要的。

试想，这位老板只要在一开始就明确告诉员工，他的报告内容必须包括哪些部分，甚至举个例子给他看，这样不就一目了然了吗？员工也不会因为一份报告来来往往好几次，还产生挫折感。

的确，总是有一些领导者下达指令时喜欢和下属玩"捉迷藏"游戏，话说得糊里糊涂、不明不白，做下属的，也不敢多问，只好去猜领导的真实意图。猜错了不但白白浪费时间，还会制造许多误解，有时甚至耽误公司重要的流程，造成了领导工作的冗杂和反复，而最终的结果就是，做领导的认为下属办事不力、工作效率低，而做下属的，也只是敢怒而不敢言。

另外，一些领导者喜欢下模糊性的命令，比如，他们常说："你报告做完就拿来。"这样模糊不清的话，很容易在将来引发争端，最好是在和对方讨论出最合适的时间和进度之后，再做一次要求："你利用一个礼拜的时间，完成第一个阶段的报告，下礼拜同样的时间，我们再开一次会，讨论你的报告内容，这样的安排你觉得可以吗？"清清楚楚指出时间限制，目标十分明显，这样可避免许多沟通上自我诠释性的误差。

没有具体内容的命令，使部下无所适从，要么不去做，要么靠自己的想象发挥来做，必然导致作业结果出现偏差。那么，具体来说，作为领导干部，该如何向下属下达指令呢？

1. 指令要完整

完整地发出命令要有6W2H（何事WHAT、何故WHY、何人WHO、何时开始和结束WHEN、何地WHERE、为谁FOR WHOM、如何HOW、 成本MUCH）方面的具体内容，这样下属才能明确地知道自己的工作目标是什么。

下面是不同的发出指令举例，你认为哪一个最好呢？

（1）小李，你到我办公室来一下，最近我们的产品质量不太好，你一定要在近期把品质提上去，你回去吧！

（2）小李，你到我办公室来一下，最近我们的产品质量不太好，质监合格率从99%下降到了95%，近期，你的主要任务就是抓质量，你一定要在近期把抽检合格率提上去，你回去吧！

（3）小李，你到我办公室来一下，最近我们的产品质量不太好，质监合格率从99%下降到了95%，近期，你一定要在近期把抽检合格率重新提高到99%，你回去吧！

（4）小李，你到我办公室来一下，最近我们的产品质量不太好，抽检合格率从99%下降到了95%，你一定要从今天开始，在2周的时间内把品质抽检合格率重新提高到99%，要保证产品的质量，这样，才能让我们部门乃至整个公司的效益提升上去，你回去吧！

（5）小李，你到我办公室来一下，最近我们的产品质量不太好，抽检合格率从99%下降到了95%，你一定要从今天开始，在2周的时间内把品质抽检合格率重新提高到99%，要保证产品的质量，这样，才能让我们部门乃至整个公司的效益提升上去。你知道问题出在哪个环节了吗？我从质检那儿得知，主要原因是你的生产线新来的那两名外观检查员工有大量的误判，造成不良品流入的问题，从今天起，你要把工作重心投入对这两名新手的培训上，讲解外观常见问题、限度样板、标准及判别方法，直到他们不再出现这样的失误。同时在生产过程中加强对他们的巡查，随时指导（改善此问题只需要投入人力，不需要投入其他资源），以提高他们的外观检出能力。我相信你能做好这件事情，你回去吧！”相比之下，显然最后一种更好。

2. 指令要明确

每个人都有一定的讲话偏好，有的人含蓄委婉，有的人啰啰嗦嗦，有的人直截了当，有的人遮遮掩掩。但作为领导，下达指令一定要明确，否则，就会造成下属理解有障碍。

比如一位上司把下属叫过来说：“上周我们的业绩不佳，我们应该有所改进。”

下属说：“我们也在想办法改进，但不知道公司的看法是什么，公司的目的究竟是什么。”

上司回答：“公司的目的，就是希望你们干得更好些，多卖些货出去。”

这里，很显然，这个上司发布的指示，对于下属而言是无效的，因为它太含蓄太笼统了。因为从上司的话中，下属既没有了解到上司对于工作的具体改进要求，也没有获得改进工作的具体目标。由于上司的含蓄风格，使这次沟通成为完全没有意义的沟通，下属仍然只能按照自己的想法去工作。

这只是一个方面的例子，其实在沟通中，由于个人偏好而造成的沟通障碍还有很多。官场上的口头禅“原则上……”“我基本上同意……”“还需要研究研究……”等之所以被人厌恶，就在于它们根本无法传达准确信息，不能实现对话者想要达到的目的。

可见，讲话是一门艺术，向下属下达指令更需要领导者具备良好的口才，这样明确、完整的指令才具备良好的指导作用！

参考文献

[1] 斯通，佩顿，汉.高难度谈话[M].王甜甜，译.北京：光明日报出版社，2015.

[2] 范恩.谈话的艺术[M].曹毅然，译.桂林：广西师范大学出版社，2006.

[3] 克莱泽.谈话的艺术[M].史津海，杨柳，译.天津：百花文艺出版社，2009.

[4] 吴利元，吴小芳.谈话的力量[M].上海：文汇出版社，2018.